# 사막과 찬가의 변증

시작시인선 0542 사막과 찬가의 변증

**1판 1쇄 펴낸날** 2025년 8월 14일
**지은이** 백선
**펴낸이** 이재무
**기획위원** 김춘식, 유성호, 이형권, 임지연, 차성환, 홍용희
**편집** 이호석, 박현승
**편집디자인** 김지웅, 장수경
**펴낸곳** (주)천년의시작
**등록번호** 제301-2012-033호
**등록일자** 2006년 1월 10일
**주소** (03132) 서울시 종로구 삼일대로32길 36 운현신화타워 502호
**전화** 02-723-8668
**팩스** 02-723-8630
**블로그** blog.naver.com/poemsijak
**이메일** poemsijak@hanmail.net

ⓒ백선, 2025, printed in Seoul, Korea

ISBN 978-89-6021-817-8 04810
　　　978-89-6021-069-1 04810(세트)

**값** 11,000원

*이 책 내용의 전부 또는 일부를 재사용하려면 반드시 저작권자와 (주)천년의시작 양측의 동의를 받아야 합니다.
*잘못된 책은 바꾸어 드립니다.
*지은이와 협의하에 인지는 생략합니다.

# 사막과 찬가의 변증

백선

천년의시작

시인의 말

지금이 아닌 것들로 지금을 살아가는

추상의 초상화들, 둥글게 뭉쳐 기분 좋게 굴려 보자는

우리가 지금을 가질 수 있기 위해

선을 긋는 일은 추가되는 작업일 뿐.

2025년 여름
백선

## 차 례

시인의 말

### 제1부

사막과 찬가의 변증 ——— 13
구근이 타는 겨울 ——— 15
스파이더[맨], 다시 겨울을 준비해요 ——— 17
사막과 찬가의 변증-겨울 해바라기 ——— 20
사막과 찬가의 변증-공전 ——— 22
사막과 찬가의 변증-미늘 ——— 24
극야, ——— 26
사막과 찬가의 변증 ——— 28
사막과 찬가의 변증 2 ——— 30
사막과 찬가의 변증 ——— 32
사막과 찬가의 변증-변명 ——— 34
我의 개선가 ——— 36
나처럼해봐요요렇게! ——— 39
사막과 찬가의 변증-불[꽃]놀이 ——— 41
사막과 찬가의 변증 ——— 42

## 제2부

사막과 찬가의 변증-치, 칫, 치즈 맞아? ——— 47
테니스, 테니스 ——— 49
[브로카]실어증 ——— 52
검정을 해부하다 ——— 54
흰 개가 오랜만에 나타난 주인 앞에 흔드는 꼬리는 회개의 상징인가
——— 56
울지 않는 아이 ——— 58
엽서 ——— 60
사막과 찬가의 변증-통렬(痛烈)의 발견 ——— 62
코러스 ——— 64
풍선껌 저작 ——— 66
웃음론 2 ——— 67
칵테일-The Corpse Reviver ——— 68

## 제3부

데칼코마니 ─── 73
태양의 똥을 분석하다 ─── 74
권태야 놀자 ─── 76
손을 씻는 동안 ─── 78
무제-특별한 오후 ─── 80
철관음차를 마시다 ─── 82
부적 ─── 84
물고기자리 여자 ─── 86
상류 ─── 88
H에게-멜랑콜리커 ─── 90
인디안 썸머 Indian summer ─── 92
기다림 없는 기다란 기다림의 시작 ─── 94
수다 ─── 95
물끄러미, ─── 96
밍밍하도다! ─── 98
무제-특별한 노래 ─── 100
목련 마조히즘 ─── 102
사과와 귤이 놓인 정물 ─── 103
꿈꾸는 냉장고처럼 ─── 104
병가지상사 ─── 106

## 제4부

야위고 구부정한 당단풍나무 곁으로 지나는 바람의 줄기는 차고 차다 그리고, ——— 111
무도회의 초대 ——— 113
歲暮 부근 ——— 116
지팡이 ——— 118
새의 화석이 발견되다 ——— 120
과밀한 이파리 사이에 자리한/ 청명한 허공에/ 과속하는 바퀴가 있다
——— 122
비의 징후 ——— 124
가방수집가 ——— 126
거미가 줄을 타고 ——— 128
불[꽃]놀이-정전, 그 후 ——— 130
모래시계 ——— 132
드라이아이스 2 ——— 134
녹색순환선 ——— 136
안부를 묻다 ——— 138


## 해 설

김재홍 '운동하는' 세계와 '갱신되는' 자아의 다양체 ——— 140

제1부

## 사막과 찬가의 변증


 하필, 동산에 천상의 샘이 흐른대, 뚱뚱한 사냥개, 어쩌면 고양이, 그 뒤를 쫓아오는 돼지, 뒤뚱거리는 입김, 언덕 위로 펼쳐지는 노을빛 탐욕, 해가 뜰지도 모르게 휘파람 소리 들린대

 잠시 보였다 멀어지는, 돼지 뒤에 살찐 염소, 휘어진 뿔에 걸린 붉은 달, 그 배경- 푸른 밤

 염소가 풀을 뜯어 먹는대, 그 소리를 듣다니, 낯익은 가면, 늘어진 혓바닥, 오르고 또 오르면 세렝게티로 이어지는 뿔이 긴 대가리

 옛날 금잔디 동산, 샘이 마르고, 트럭이 짐칸을 들어 모래 짐을 부리고
 부려지는 모래자갈 중 가장 크고 무거운 것이 가장 멀리까지 굴러 내린대
 샘으로 가라앉는 돌멩이들- 가면들, 얼굴들, 짐승들,

 자갈보다 깊이 가라앉는 모래들- 천상의 샘이 폐쇄되고- 살아서 누구도 빠질 수 없고

사막에 비가 내리니까, 오아시스가 보이지 않고 눈 씻고 봐도 먼, 모래의 시간
 바람이 심한 날 어딘가로 옮겨 앉는 모래알들
 사막이 더 사막다워지고 또 다른 모래산이 일어나고, 사막이 사막일 뿐이고
 무서워하는 적막과 저녁이 오고

 설치되는 조각물, 그림자 행렬이 붉은 달의 배경 속으로 이어지고
 이 말고 더 무엇이 있느냐고?

# 구근이 타는 겨울


*불가로 모여드는 눈사람− 눈사람 사이에 피우는 모닥불*

장작이 뻣뻣해− 장작이 뻔뻔해
구석이 없어− 빈구석뿐
멀찍이 떨어져 손을 쬐는 그림자를 흔들어

마른 장작은 마른 만큼 만만하지 않아
구근이 쪼개지는 아픔을 건너왔기 때문이지
날 선 내면을 말리는 때
빈구석으로 세상의 모서리를 품었지

그것이 불씨를 키우지
매캐한 연기를 피우고 완전한 연소를 꿈꾸기도 하지
그게 당신의 꽃이야

꽃잎이 흔들리는군
뿌리가 없어 흔들리는 게 아니래
꽃잎이 흩날리는군
잊어 온 뿌리가 그리운 거지

당신의 꿈, 불이었을까? 흔들리는 꽃이었을까?

*불가로 모여드는 눈사람- 눈사람 사이에 사위는 모닥불*

## 스파이더[맨], 다시 겨울을 준비해요

코바늘에 꿰여 따스한 짐승이 되는 실뭉치
비행운에서 끌어온 뜨개질이 끝날 줄 모르죠

항도의 등불에 주둥이를 꽂고 모으는
꿀은 언제나 감동이라 말할래요

시작을 잊은 지도 오래 되었죠
이국의 언어 같은 연주곡을 따라
혼자만의 가락이 실타래를 타고 흘러나와요

빈 페이지는 건조법을 반복하는 건식과 습식의 덕장
얼다가 녹은 느낌표가 줄에 꿰여 말라가고 있어요

색색의 조각을 묶는 줄의 길이가 제각각이어서
반복과 차이가 조화로운 이론

맴돌다 떠나는 바람의 크기를 재고
순환할 우기의 일정표를 짜요

손바닥을 펼치면

새로운 항로를 만들 수 있어요
줄을 잃어버리지 않아야 하죠

심장박동을 의심하는 시선이
디오니소스의 조각상에 거미줄을 걸어요

문장의 가장자리에 그려 넣은 신의 조각상들
느낌표라 부를게요

불완전에 대한 불안정을 모자이크 하는
조각 하나하나가 불후의 걸작을 예고해요

뜨겁고 떨리는 기도 속에 호명되는 이름, 모두를
소환하고 싶어요

추운 화덕의 모순을 직조하는
대기실은 지금 겨울이에요

눈 속에 묻힌 꽃잎을 찾아야 해요
반복과 차이를 벗어나기 위해 터져야 할 예고편이죠

대답 없는 아이를 부르는 목소리랄까요
외줄을 타고 절벽을 가로지르는 울림

새로운 신이 탄생할 시간이에요

## 사막과 찬가의 변증 – 겨울 해바라기

그것은 죽은 토끼다
모노드라마가 끝나고
지워지는 지형을 기억하는 노래의 늪이다

불쑥 떨어지는 거미줄에 매달려
혼자서 달리는 경기
속편이 예고되는 연속극이다
심장을 파먹은 피보나치수열로 빠져나가는 체액이다

덩굴 아래 웅크린 눈빛에
짧은 주연의 자국이 선명하다
불투명 유리 속 수북한 껍질들

넘어도 그만 안 넘어도 그만인 금을 밟고 선다
[가혹한] 놀이로 연습된 대본
[황홀한] 잔치는 편집되지 않는 장면이다

아틀라스 나방과 호모 사피엔스의 거미줄 놀이 속에서
발뒤꿈치를 세우고
더듬거리며 걸어 나오는 나의

인어 혹은 언어,
빈 새장을 채우는 바람을 안고

[비극이라는] 누명은 누가 씌운 것인가

## 사막과 찬가의 변증 - 공전

달을 삼켰던 별은 우주 어디쯤 제 그림자를 드리우고 있을까

어제를 기념하기 위해 내일을 소비할 수 없다
아무에게나 어깨 겯는 어둠을 밀어내라
술렁이는 인파 속으로 걸어 들어가라
가로등이 실연의 여린 눈빛처럼 깊숙이 시선을 내린다

비를 예감하듯 바람과 구름의 흐름이 느려진다
새가 날아간 가지에 바람이 깃을 접는다
빛이 그림자 방향을 좌우하는 줄 알았다
달이 지구의 그림자를 온전히 품는다고 생각한 건 착각이다

만월에서 시작한 주기는 제 몸을 줄이는 일부터 배워야 한다
생에 여백을 만드는 일부터 시작하라
어둠의 여백에 보이거나 보이지 않는 다른 것으로 대체하라
오늘도 성간으로 잉크가 번지고

그믐에서 시작한 주기가 그믐에 닿을 때
기다리는 일이 처음으로 와도 좋다 기다리는 일이
마지막으로 와도 좋을 일,
불빛 주위를 돌다 방향이 바뀌는 그림자를 본다

　월식에서 벗어난 달은 우주 어느 즈음에 제 그림자를 드리우고 있을까

### 사막과 찬가의 변증—미늘


죽어도 사는 숨, 박제의 제단 앞에서
등골엔 서늘한 가시가 돋아나지

곁에도 곁이 있어서
가시에 고드름이 맺히기도 해

냉기로 폭염을 누비는 아지랑이처럼
녹지 않는 형체로 눈앞에 버티고 서는 형질

전체와 깊이를 가늠하지 못할 때
벽화 속에서 사슴이 쓰러지지

무너지지 않는 진실은 건축되는지
기념하는 것보다 더 유명해지는 기념비

일렁거리는 숲을 가진
국립공원은 누가 만든 작품인가

실재의 건축이 되지 못하는 막대는
실재의 모형을 건설하고

골짜기의 바람 소리가 점점 무거워지고 가끔
심연에 닿은 듯 우리도 깊고 두터워지곤 하는데

막대는 갈증을 풀어줄 수 없다는 걸 알아
뛰어드는 사슴의 뿔도 나뭇가지의 눈속임이었지

**뼈**대로 누워 있는 사람과 포옹하고 싶은데
내 할아버지 같기도 하고
내 미래 같기도 한데

머리와 등**뼈**만 남은 물고기는
미끼를 보면 덥석, 또 물게 되는 거라지

극야,



꿈을 완성하는 것은 역사를 새로 쓰는 형식일까

유효 기간 지난 서류를 복용하고
배설을 유보하는 판결로 닫히는

서랍 속은 방부제의 도시이다
연대기별로 떠오르는 낡은 사진 속 얼굴들을 묻고

자기로 부상하는 열차에는
자기를 부정하는 승객이 덜컹거린다

다시 혼잣말로 짚어 가는
도시의 그늘이 깊어 가는 곳
렌즈는 벽의 바깥을 집중한 채 기울어 있다

긴 어둠을 기록하려던 자
깨어 있는가

등을 맞댄 채 졸다 깨는 감시자처럼
꿈에 갇힌 시간들이 깨어나곤 한다

'온 사방에는 기적이 있다'

흐려지는 초점을 조절하며
이 한낮은 같은 위도를 꿈꾸는 조도다

검은 천에 수놓은 도시는
달리고 달려도
출구를 찾을 수 없는 미라들의 미로

꿈에서 깨는 꿈, 그 바깥의 꿈에서
스스로 깨는 꿈밖이 여전히 꿈속이고

오늘은 수인의 미래일까 과거일까
거미는 천정과 벽의 온도를 재며
자기만의 궤도로 실을 잣는다

# 사막과 찬가의 변증
### －감자조림이 있는 만찬

주문 같은, 감자에 싹이 트고 잎이 나고, 저절로 크는 달덩이처럼 자란다지

—혼잣말하기 어려워질 것 같지 않니?

비릿한 바람을 나르는 수평선에 수많은 길을 만들고 또 묻는
멀리서 바라다보이는 그 깊이와 빛깔의 진의,

—항해 시대의 물결처럼 심온하니?

뿌리 끝 작고 여리고 하얀. 감자알처럼 매달린 [마음의] 조각들

—성냥을 긋고 난 후 사라지는 유황 냄새가 아쉬워,
—라고 말하는 나는 가짜인 것 같기도 하여
—라고 말하고 나니 그건 분명한 가짜인 것 같기도 하나
—라고 말하니 아직 잊어버리거나 잃어버린 것이 없는 것 같다
—라고 말해 놓기로 하고, 내 안으로 향하던 집요의 끝

을 흩트리기로 한다

  흐트러진 그 끝의 가닥들마다 하얗게 자라났다 스러지는, 저 [물결, 어쩌면] 감자알
  바다가 길을 묻었지

  ―멀어질수록 아름다운 삭막과 내통해 봤니?

## 사막과 찬가의 변증 2

게으른 제단에 붙박인 깃대에 빈 줄이 흔들린다.

난지의 냄새가 검은 벨벳에 스미고
불과 술이 정당화되는 밤
도시는 고개 숙인 거인처럼 쓸쓸하다.

깃발은 펄럭이지 않았다. 어느 밤부터
붉은 등이 심야의 노예가 되어 끌려간다.
입이 열린 그곳으로 여린 잎이 진다.

강은 빛을 재배하는 경작지
이랑마다 꽃이 피었다 스러지고
바퀴와 속도의 교성 아래
우리의 이념을 수장시킨다.

제의 같은 것이다.
파문의 주문에 귀를 기울이면
원시 부족의 춤이 돌아 나오는 불의 중심에서
태초의 짐승이 태어날 것이다.

내 안의 나인데 아닌 듯 돌아앉은 당신이여!
밤마다 트랙을 도는 검은 그림자들이여!
고목 위 올빼미 눈동자에 걸린 내일이여!
은하를 긋는 고요한 함성들이여!

## 사막과 찬가의 변증
### -움-찔, 토르소

제물을 바쳐라 나는 푸른 눈물을 먹고사는 식물성 동물이다

잘려나간 팔다리보다 더 아픈 가슴이
습한 언어를 요구한다

생각날 때마다 가려운 곳과 건드린 후부터 가려운 자리
누군가 지나갔다

흐르는 빗물을 퍼올렸던가
물길을 튼다 바람을 안고 달리는 버스 차창으로

늦은 봄, 새가 날아간 자리에 열꽃처럼 매달린 보리수
무게를 견디지 못한 가지가 휜다

다져지지 않은 흙 위에 부은 시멘트처럼
단단하다고 단정하는 건
실수 같은 다짐이었다

강물이 우는 밤마다 분출을 시작하는 핏줄이

식욕처럼 붉어지는

나를 관음한다 미련 앞에 군침을 흘린다

멈출 수 없이 기다린다 고작 가슴에 남아서
해저 터널처럼 크고 어두운 입을 감추고
수면 아래 고요히 꿈틀댄다 나는

아마 동물성 식물이다

## 사막과 찬가의 변증—변명

> 굴복한다는 것은 비참한 일이오 그러나 반항하다가
> 파멸을 덮어쓰는 것은 더욱 비참한 일이오
> —크레온, 〈안티고네〉 중에서

침엽수가 사계절 초록을 유지한들 무채색 겨울 정원에 한 가지 색을 입힌들

무슨 대수, 얼음이 녹는 것도 아닌데 수은주가 자라날 것도 아닌데 [겨울이 겨울인 걸]

먼지 쌓인 창이 늘 계절과 계절 사이인 걸 나는 새가 될 수 없는 걸

무수한 창끝을 뭉치면 몇 점 구름의 표정을 지을 수 있어도 [봄이 봄인 걸]

온화한 표정 위에 거짓말 같은 눈발 쌓였는데 무게를 잊으며 정수리 얼어붙는데

홀로 춥고 오롯하다는데 수백 년 한자리서 독야청청한다

고 땅이 바다가 된다고

　무슨 대수, 지금 지금이 될 수 없는 걸 내일에 닿을 수 없는 걸

## 我의 개선가


 하나의 고독과 하나의 완전은 일체화된 사이, 생각의 기둥이 무너져 내리고 지붕을 고스란히 안게 된 살찐 뱀의 똬리가 풀어진다. 벗어날 수 없는 무게에 부피가 사라지는 환상에 든다. 아는 있는지 없는지 알지 못하는,
 무아의 我를 보는 일은 가능한 일인가.
 아는 누웠는가. 날았는가. 숲이 흔들리고 창이 닫힌 방에는 유배 온 이-별의 소리가 들려오곤 한다. 아무 때나 술잔을 기울일 수 있을 듯하다.

 我, 이 별의 공기는 아에게 묻어난다. 묻어나는 건 공기가 아니라 아의 無이다. 무에서 벗어난다. 我가 돌아온 후 숲이 흔들리고 벽이 어두워졌다.
 숲을 흘러나온 강물에 손 적시는 연습을 해 볼까.
 머리부터 담그는 건 어떨까 질량과 속도에 대한 계산은 피하기로 한다. 술잔 바닥에 말라가는 술이 바닥을 포장하듯 붙어 있다. 농도가 짙어진 액체가 고형물이 되어 간다. 입술이 닿은 자국은 보이지 않지만,

 빈 술병이 누운 채 이야기를 비워 낸다. 여기 없는 사람이 여기 있는 사람보다 많은 걸 이야기하는 방식이다. 뱀이 빠

져나간 곳에는 허물이 남는다.
 허물로 남기 위한 발육이다.
 성장판을 키웠던 모서리는 자기 방어의 최소 단위이고 아는 가끔씩 모서리 사이로 들어가 무가 되거나 모서리가 되거나,

 시간은 각을 지우기 위한 필요충분조건이었다. 꽁초 찌든 냄새를 날려 보낸다. 창문의 틈을 비집는 바람의 개입으로 아는 아가 된다.
 아, 무는 아무나 될 수 없는 일,
 무너져 내린 지붕을 들춰내면 부서진 침대 허리에 그날의 기억이 묻어난다. 그건 창백한 어제인가 어제의 어제인가 언제인가. 표백제에서 건져낸 셔츠처럼 하늘거리는 건 이름 붙일 수 없는 물결로 출렁이는가. 아, 無는 아무나 될 수 있는 것이었다.

 쓰러진 가구와 쓰러진 화분, 쓰러진 것들로 가득 찬 방에서 아는 바로 서는 연습을 한다. 벽을 짚고 일어서면 되는 것이다. 창 너머 적송도 구부러진 채 굳게 서는 연습에 힘줄이 불거진다.

하나의 고독은 하나의 완전을 떼어 내 휴지통에 넣는다.
일어서는 일은 불안한 일이다. 직립보행의 특권 아닐까. 我가 열어젖힌 창으로 저녁이 밀려든다. 살찐 뱀이 있던 자리가 붉게 물들어 어두워진다. 모든 실루엣을 지우는 어둠이 짙어지고 오늘은, 아직 불을 켜지 말아야겠다.

## 나처럼 해봐요 요렇게!


오늘 아침 나뭇잎이 떨리는 것은 내가 춤추기 시작했기 때문이다
햇살이 눈부셨기 때문이다

태어나면서부터 나는 춤꾼 바람이 멈추는 게 두려워 비틀거린다

늘 조금 모자란 바람이 나를 살아나게 한다
늘 조금 모자란 바람이 나를 춤추게 한다
종일 바람을 가두어도 가득 차지 않는 바람이
운명의 선물이다
문명의 산물이다
지치지 않는 놀이이다

쓴물과 단물이 마르고 닳도록 온몸으로 나부낀다 꺾였던 허리가 펼쳐진다
춤이 아니면 죽음을 사는
내 춤의 의도는 '의도 없음'이었으나

네 자신을 위해 추는 춤이 나를 달콤하게 만든다

그치지 않는 너와 너의 너들 Shall We Dance!
내 춤을 보고 웃는 너를 보는 내가 웃는다

언제나 과거의 끝을 산다 현재의 끝이고 미래의 끝을 밟고 선 자리에
가라앉는 나를 다시 일으켜 세우는 바람이 발끝에서

또 밀고 올라온다 이렇게!

## 사막과 찬가의 변증 – 불[꽃]놀이

주황을 보며 설레는 것은 일렁이는 불꽃을 본 이후였다

조각난 방을 간직한 말랑말랑한 심장 또는 주황의 알레고리, 널 오렌지라 부른다 열 개의 방 열 번의 눈길을 기다리며 오렌지는 습한 벽에 기대어 오랜 지하의 굴형을 앓고 있었으니

껍질을 벗긴다 오렌지는 주황, 솟아나는 수분의 파편 속에 상징의 풋향기 상큼하게 퍼뜨릴 것이니

조각조각 떼어 낸 심장을 갈아 마신다 방방마다에서 숨쉬던 불씨들이 얼어붙은 권태의 강바닥을 주황으로 채운다 실핏줄을 이끌며 흘러든다

문을 열어라 네 숨구멍이면서 벼랑을 향하는 고도(孤道), 심장을 태운 주황빛 포자가 떨어져 내리니 겨울 바닷가에 번지는 미완의 파도 위에 한 번의 회오리로 완전하게

꽃, 지는 불, 널 오렌지라 부르자

## 사막과 찬가의 변증
−포도주가 익는 방

  혼자라는 건 흐린 수면이 늙은 밤처럼 보이는 시간, 해를 삼킨 서쪽 능선과
    지붕의 마주치는 눈길, 젖은

    그
    늘

  마비되는 방, 칭칭 감아 오르는 부재의 돌기들
    얼굴을 지우자, 얼굴 없는 얼굴을 지우자, 지워진 얼굴들로 물드는 벽

  검은 대양처럼 깊어지는 병에 오늘의 환상이 무르익는다
    그리자 보랏빛 농염, 너는 제법 투명해

  구부러진 등나무 광기가 짙어지는 시간, 씨방 속에서 진화를 거듭하는
    보라, 동쪽으로 누워 남기고 싶은 걸 기록하고 싶은

    씨
    앗

최면에 걸린다 둥근 파장을 안고 방문하는 황홀한 몸살,
그네를 타는 전생과 야생 사이
안부를 물어오는 수포가 어깨를 감싼다

가두어야 한다, 變態를
지켜보아야 한다

검은 도화지에 회색 손바닥 자국을 찍는

침
묵

보라, 숙성되는 동요

제2부

# 사막과 찬가의 변증—치, 칫, 치즈 맞아?

　붉은 눈 지붕쥐가 들보에서 염탐한다 뒷일을 예측 않는 낙천성, 문틈으로 달콤한 향기가 빠져나오곤 하는 냄새의 방,

　*눈 쌓인 언덕에 사내아이 여럿이 오줌발 쏘기 대회를 한다*

　밤마다 듣는다 습한 북향의 방, 허름한 포장, 신문지에 싸인 알토란 갉아먹는 소리, 들보 갉아대는 소리

　*구멍 뚫린 눈밭에 풀잎의 마른 등이 보인다*

　머릿속에서 읊어대는 게임 구호. '쥐를 잡자 쥐를 잡자 찍찍찍'— 또 벌칙이다, 능란치 못한 게이머와 쥐가 천적 아니면 친척이니,

　*벌칙이 두려운 아이가 더 크게 웃는다*

　쥐보다 멱을 잡겠다는 무모한 시도는, 쥐덫을 설치하자는 식상한 제안은, 참아주는 게 좋겠다 놓친 쥐를 아쉬워

하는 창고지기,

　*게임에 진 아이에게 몰아주는 책가방, 무게에 익숙해지는 시간이 올까 다시 게임, 시작이다*

　쥐가 왕성하게 활동하는 시간, 방마다 들린다 쥐들이 죽음보다 무서운 구멍을 퍼트리는 소리, 상해 가는 치즈- 크고 작은 죄를 안고 굳어 가는 덩어리,

　*눈의 퇴적층에 구멍이 숭숭하다 벌칙이 가벼워 생이 가벼운가?*

# 테니스, 테니스

절묘한 발리,
네트를 넘어 이동하는 날개가 있다.

오래된 思考를 혀끝으로 굴릴 때
껍질을 벗는 향기

새들은 어느 곳에 앉아도
in,

낯익은 계절을 지나간 캐넌볼처럼
뜬구름의 방향은 코트의 바깥이다.

줄탁의 둥지를 버리고 열리는
경로

同色 쪽으로 깃털을 모으며
부리의 중압으로 내려앉는 습속

깨지는 공은 좀처럼 없다.
다만 깨지거나 찢어지는 규칙이 있다.

두고 온 무엇의 무게가
백스핀으로 내려앉게 하는가.

찌그러졌던 날개가 펴지면서
궤적이 되고 착지점이 되듯

打點을 벗어나 打點에 돌아오는
나뭇가지들의 백핸드발리

밀봉된 바람의 팔 할이
박차고 오르는 비행이다.

작은 테니스 공 안에는
몇 짝의 날개가 튀고 있을까.

모든 바람엔
가죽과 고무로 된 껍질이 있다.

승점을 주고받는 타이브레이크

게임이 끝나지 않는다.

룰과 룰, 대변되는 말의 규칙과 규칙 속에
모든 종류의 새들이 있다.

## [브로카]실어증

　　겨울 도로변에 뼈대만 남은 채 섰네 누가 다 먹었지? 어제의 타래

　　성장하는 내면의 아이는
　　핼러윈의 밤에 방문한 푸른 코끼리
　　펄럭이는 이명을 접고
　　초원을 돌고 돌아 마지막
　　가상을 복구하지

　　늘어가는 코스들
　　닳은 발바닥
　　서식지를 잃어버리고

　　포란되는 접속사
　　조각 퍼즐이 흩날려
　　입술에 닿기를 원하지

　　배양된 기호들
　　언어의 주름 사이
　　깊은 눈-빛을 덧입는

코끼리가 돌아왔어
상징(象徵)의 자국들
코끝에 에피소드를 읽는
상아색 아침이야

  비바람 계절 없이 기호들이 쏟아지지 가로수는 구름을 향한 붓,

## 검정을 해부하다

해마다 잊어버리는 나이를 자문하듯
화물 열차 따라가는 눈길이 칸을 세다가 놓쳐 버리고

지루하지 않네
검은 페이지로 연결되는 이야기
적재된 채탄에 칠흑의 윤기가 흐르네
아버지는 땅을 파서 밥을 버는데
어머니는 가난을 캐서 등을 켜는데
마음의 맹아가 되어 흩어 버린 구름층

발을 빌려 태어난 빗금 따라
공이 튀어 오르는 날
밥그릇이 소란스레 자리를 옮겨 앉기도 하네

화살표에 끌려간 별의 진부함으로
내 것이 아닌 것을 건드려 본 흑백의 시간들
빛바랜 물의 반점이 종양처럼 자랐네

절지동물의 몸뚱이가 공중을 날아
바닥에 부딪치고

접골되지 않아 부러진 관계처럼

다리 걸어오는 사선에 대해
돌아앉는 바람의 별자리에 대해
검은 역경 같은 배후는 마취해 두기로 하네

느리게 가는 화물 열차에 내 죄가 실려가네
까맣게 반짝이네

어떤 날의 오후는 양지바르고 마을이 낮아져서
회개와 기도는 채탄 위로 가득차고
수술대에는 검정의 체액이 흐르겠네

흰 개가 오랜만에 나타난 주인 앞에 흔드는 꼬리는 회개의 상징인가


일곱 번째 요일에 그려진 동그라미는
소풍일인지 친구의 얼굴인지

교외는 토요일처럼 바람이 거칠다
묘비 없는 친구의 이름 앞에 서면
알 수 없는 귓속말이 성찬의 포도주보다 깊이 새겨진다.

동시 상영관에서 함께 나서던
오래전 죽은 친구의 이름이 낯설어 아프고

규칙 없이 태어나는 식욕은
프라이의 외연처럼 바삭하다.

내 기도는 이어지지도 끝내지도 못한 채
다시 시작된다.
같은 말만 반복하는 취객 같아

내 기도는 서둘러 마침표를 찍으려다
말줄임표로 나열되는 이름들
남은 자들의 이름만 불리고 만다.

부유하는 고백으로 흐려지는
일기가 백지의 의지일까
스크린을 기어나가는 달팽이처럼
느리게 명암이 바뀐 저녁

요구하는 문장을 늘어놓다 흔들리는 머리 위로
찾아드는 흰 조명의 십자가가 있어서

무릎을 꿇는 일이 무릎을 위로하는 일이다.

## 울지 않는 아이

1.
배고프다

유모가 주는 대로 먹는 이유식

아기가 웃는다 들여다보는 유모가 웃는다
아기가 웃는 게 웃음이 아니라 하더라도

진실은 아기만이 알 수 있을 터,

아기가 오래도록 잠에서 깨어나지 않는다
잠결에도 상징의 손가락을 빤다


2.
통유리에 비치는 숲을 향해 날아드는 새의 이력이 붉게 고꾸라진다

부러진 날개, 휴식이다

새를 기만한 건 숲이 아니라 창이다
속을 훤하게 드러낸 깊이의 표면
돌아서지 않으니까 닿을 수 없는 숲의 그늘

창밖으로 보이는 숲이 흔들린다

## 엽서

깜짝 놀랐지 창문에 비행기 그림자가 지나갔어 순식간이었지

꼬리를 끊어 놓고 사라진 도마뱀처럼 거대 공포의 기억은 따갑게 말라가겠지 끊어진 꼬리가 모래 속에 묻히겠지 큰 것이 작아지는 것도 순간이지 사막에서, 뱀을 만나는 일이 흔한 일이 아니지 남겨진 꼬리가 몇 번을 되뇌어야 되살아나는 낯선 이미지를 만들어 놓는군

반갑지, 무척

어색하지

정말 미지근하지

문지를수록 늘어나는 지우개 가루처럼 들여다볼 때마다 복잡다단해지는 리아스식 구름층

해독되지 않는 것

더 오래 아름다울 수 있지

해독하고 싶지 않은 것

더 오래 간직하고 싶은 것일 수 있지

  낯익은 기표로 불쑥 튀어나온 너라는 이름의 낯선 기의, 그 가벼움을 나는 어디에 보관해야 할지 책갈피 사이에서 떨어져 내리는 단풍잎은 오래전 봉인된 풍경의 비밀번호였을까 숨겨 두고 까맣게 잊어버리는 비상금처럼 사라진 의미보다 더 반가운 실재의 가벼움이란,

# 사막과 찬가의 변증 – 통렬(痛烈)의 발견

사무실 바닥에 쓰러지는
사기 분(盆) 깨지는 소리가 경쾌하다
깨진다는 건
오래 지키던 것들이나 품었던 속을 드러내는 일

날카로운 파편
어우러져 하나의 통을
둥근 품을 이뤘던 것들
포장하는 둥긂을 잃어버리는 순간이다

키가 크고 우아한 이국풍 문양의 화분
박살난다는 건
자기를 잃어버리는 모멸인 줄 알았다

얽히고설키게 감싸던 뿌리를 팽개치듯
상처 난 마음
삐죽삐죽한 창이나 칼날 같더니

파편들, 모멸의 조각들
잘근잘근 밟아준다

제자리 찧는 듯, 발바닥 아래
다시 터지는 파열음

빠드득, 결 잃어가는 소리
바닥과 바닥을 찌르며 더 잘게 해부되는
통―분

금기(禁忌) 하나 지워진 자리의 공허는
아름다운 잔혹
모멸이 박살나는 순간이다

담지 못할 말을 담아내고 되뇌어 보는
희열에 감전되듯

장렬한 무(無), 깨어져야 보이는 세계를 만나다

# 코러스


우리는 작다고 말하고 작다고 생각하지 않는 습관이 있지

낮은 지붕보다 더 낮은 곳으로 별-빛이 모이고
종탑을 떠나온 소리가 지붕마다 내려앉곤 할 때

자꾸 목을 꺾는 나무에게
무수한 눈길로 내리는 뭇별

그 자리에 그 밝기로
채우는 무대에 기립박수를 보내야지

기다리는 소식만 빼고 배달되는 우편물도
밤새 돌아가는 냉장고 소리도
익숙하고 낯선 봄의 현상 같아서

머리 내밀다 짓밟히는 새싹들이
더 질긴 명줄을 붙잡는 거라지

먹이는 정해진 시간에 흩뿌려지니까
향기에 끌려 몰려드는 물고기 떼처럼

시리얼에 부어진 흰 우유 속
천천히 배어나는 단맛을 볼 수 있을 때까지

이름을 모르는 것이 더 많은 내게
껍데기들이 포기를 종용하는 부피로 쌓이지만

폭우 뒤 방류되는 댐의 물소리는
신의 발걸음 소리 같아서

어둠 속 관객들처럼
창밖 대숲이 협화음의 제단을 이루는군.

## 풍선껌 저작

실향의 기념일이다
아닌 것이 아니란 말

곧 민트 향이 불어올 것 같다
혀끝의 온기로 부푸는 벌룬, 벌룬,
왜 꿰뚫어 지나가는 바람이 없을까마는
솜사탕이 하늘에서 비처럼 내려올 것 같다
방의 어근에 찔린 밤은 왜 심장을 두드렸는가
도둑맞은 연필이 서랍 어느 구석에 굴러다닐 것 같다
이사 간 이웃이 사과 담은 접시를 들고 초인종을 누를 것 같다
이름도 얼굴도 기억나지 않는 초등동창이 어젯밤 옛 꿈을 꿨을 것 같다
늙은 가장의 파산 사연이 그의 채권자라도 감동시킬 것 같다
햇볕에 등을 내어 주는 게 겨울에 대한 의무일 것 같다
찬바람 속 굳은 저작이 치통을 잊어버리게 하듯
이 기적이 이기적인 성벽을 넘어서고자 한다
어깨를 주무르는 건 날 녹이는 일 같다
꼬리명주나비 떼가 쏟아질 것 같다
빈 곳은 향기로 멀어지는 근방

불자, 쥬시후레쉬 향으로
이브의 휘파람을

## 웃음론 2

그게 탈이다
겁이 많아 슬픈 내가
무서운 척 할 수 없어 더 슬픈 내가
슬픈 척하지 못해 웃기만 하는
내가 우스워서 또 웃는
나는 탈이다

## 칵테일—The Corpse Reviver*

나비를 보며 나비 너머를 끌어오는 아이
노랑 유채 밭에는 엄마가 날고
눈보라 속에는 수만 마리 은유가 난다.

뒤꿈치를 들어 올리는 백지의 날개

부화하는 포식자의 시선을 따라 도는
마지막 칵테일 잔에
香味를 위해 주어지는 한 번의 트위스트

후각세포가 쓰러질 때까지
향초를 피우면
열쇠 없이도 열리는
경지, 지경의 바깥을 따라 나는

시스루를 펼치는 치명의 은유를 좇는다.
레몬을 먹은 태양이 라인을 통과한다.
팽팽하던 리본을 걸치고 나아갈 때

코끝에 닿는 순간의 향기가 우리의 몫

출발신호가 귀를 끌고, 길을 이끌어
전력 질주해야 한다.
고뇌의 임계 아니면
심연, 또는 태풍의 눈

결핍으로 채우는 꽃밭이 무성하다.
소리의 바깥이다.

애벌레가 바닥에서 굽은 등을 펼치고
다시 휘어지는 회오리로 일어서는 중이다.

눈사람이 녹은 유채 밭에 나비가 날아오른다.
부활은 지금이다.

* 죽은 시체도 되살린다는 의미의 칵테일 이름.

제3부

## 데칼코마니


킬리만자로의 눈 속에서 울음소리가 들린다

그는 몇 뭉치 울혈을 쏟아 놓는다
음울한 계곡을 휘돌아온 퇴적물 속에는
난류와 태풍의 흔적이 남았다 오래된 배경은
가시나무 사이로 지워졌다 나타나곤 한다

혼자 앓던 병이 흘러내린다
설선을 잡아당기며 녹아 흐르는 만년설 위에
바람에 안겨 들판을 헤매다 돌아온
구름의 발자국이 찍힌다

멀리서도 그 기슭 냄새가 난다
일찍 알아본 이만이 다가갈 수 있다
함께 한다는 것은 서로 접는다는 것, 눈보라를 몰고 온
그 울음을 고스란히 받아 안는다

  서로 다른 모태를 빌려 태어난 쌍둥이, 미숙아 같은 덩어리에서
  굳은 피가 꿈틀댄다

## 태양의 똥을 분석하다


책상 위 방문한 햇살을 오래 바라보았다.

보는 것이 어느 구석을 채우는 일이었으므로
밝아진 시야만큼 눈이 어두워진 것일까.

창틀 그림자에 가리어진 글을 읽을 수 없고
정수리가 따뜻해진다.

나뭇잎 그림자가 어깨를 쓸다가
툭툭 건드리는 언저리가 가려워진다.

말 걸어오는 이파리에 나는
눈이 열리고 심연이 열리고
눈이 감기고 음악이 흘러들고

책을 덮어도 말을 끊지 않는 나무에게
목례하고 싶다.
안부 전하고 싶다.
손바닥 내밀며 일어선다.

서성이고 싶은 건 곡조 때문일까.
창밖 겨울이
공원 건너는 아이를 그늘 밖으로 빠르게 밀어낸다.

감긴 눈으로 태양의 정면을 마주한다.
이 눈싸움은 성에 같은 마음에 햇볕의 밭을 일구는 것.
오후 2시, 노랑에서 시작한 시야에 섬광의 막이 춤추고
발열하는 얼굴을 감싸는 건 잠깐의 퍼포먼스 같아.

온기를 퍼 나르고 싶어져 전화기를 열어 본다.
온기를 기록하고 싶어져 노트를 펼쳐 본다.

뱃속까지 따스해진
이 온기가 소화되고 나면 전화기를 열고
오래된 이름을 터치할 지도 모르겠다.

권태야 놀자

단팥빵에 팥소 대신 프렌치 로스트 유기농 콜롬비아 타타마수프리모 커피가 출렁였으면, 스펀지케이크처럼 부드럽고 순한 빵, 밋밋한 생이 심심해 이빨 자국 하나 콱 박아 넣고 싶을 때,

무심코 베어 먹는 살, 내숭을 들킨 연인의 표정처럼
사치스럽고 데카당트하고 달콤쌉싸래한 맛이 흘러들었으면
크림빵에 하얀 크림 대신 까만 에스프레소의 동굴이 흘렀으면

적정량의 설탕과 크림을 탄 커피의 첫 모금이 짠맛을 낼 때,

겉 다르고 속 다른 맛,
예견을 빗나가는 맛은 언제나 상큼했으니까
커피빵에는 커피빵이란 이름을 붙이지 말았으면

달콤함을 덧바른 데께, 투실투실 부풀은 살을 비집어 보

고 싶을 때 검고 씁쓸한 속내, 한 길 안 되는 껍질의 질박함 속에서 폭발하듯 터져 입안을 가득 메우는 크림보다 짙은 바디*의 향기는 시간이 지날수록 진하게 떠오를 테니,

* 바디: 커피의 농도

## 손을 씻는 동안


사과 꽃가지를 꺾어 화관을 만들어야 하나

바닥과 등이 서로를 뒤적인다
잡으려는 듯
벗어나려는 듯

이파리가 떨리고 사과가 떨리고 뿌리가 떨리는 동안을 골몰하는 바닥들

손을 펼치면 말라버린 지류가 있다
부딪쳐 휘돌던 소금기가 말라 있다

발원지가 눈이었을까 가슴이었을까
골이 패이고
묵묵하게 드러나는 깊이

손은 왜 바닥과 등으로 나뉘었을까
회오리를 감싸는 바닥
안쪽으로 접혀지는 구조는
맞서라는 뜻이었을까

안으로 눌러 앉히는 것들로 등이 자주 구부러진다

허락된 공중의 지분이 아귀에 모일 때
깊이와 흔적으로 굳어가는 지류

콸콸 쏟아지는 물이란 때로 쩔쩔매는 수압이다

하루에 몇 번씩 손을 씻는 일
난감이란
바닥에서 등까지 한 가지 일로 뒤척이는 일이다

등과 바닥이 어루만지는 동안
푸른 사과가 짙어지는 동안

## 무제—특별한 오후

오늘의 운세 페이지를 열어 봐

귀인이 남쪽에 있대, 기슭에 구르는 돌멩이, 이끼 낀 돌멩이를 찾아 촛불을 밝혀 얼룩진 촛농처럼 기도가 젖어들게 해 굳어지게 해 서쪽으로 가야 하는데, 난해한 숲속이야 걷는다 동굴 같은 종소리가 으스러지는 숲을 지나 다시 어스름,

이미 시험 시간이잖아

주기도문을 중얼거린다 과녁은 살이 꽂히는 곳에 오아시스를 심었을까 몰려드는 살로 꽃이라도 피워야 할까 손바닥은 비어 있어야 쓸모 있는 거다 심장을 향해 기호를 던지며 하얗게 멀어지는 달,

루트와 코사인 사이를 걸어

다시 숲속, 발에 차이는 부호들, 눈에 띄는 3중 분수와 이니셜, 씨앗처럼 털려나가는 숫자들 백지 한 장, 파란 백지라는 이름이 낯설지 않을 수 있다니, 숫자와 기호를 달고

스쳐가던 노랑, 언어가 맥락을 벗어나고, 철문에 늘어지는
엿가락 뒤로 길어지는 그늘

## 철관음차를 마시다


물방울 부딪치는 소리를 듣는다 비의 내면의 소리,

소리가 존재다 취한다 나뭇잎 흔들리는 소리, 움직이는 것들의 소리, 존재가 보내는 신호다 소리가 되려는 본능, 거리를 흐르다 사라지는 물소리의 끝을 듣는다 소리가 사라지는 소리, 흔들리다 멈추는 나뭇잎 소리,

존재가 자라는 소리를 마신다

빗속에 풀어지는 소리의 실오라기, 너풀거리는 침묵을 뚫는 빗물, 둥글고 길게 넓고 뾰족하게, 각자의 결이 흘러드는 계곡에서 내 소리가 아닌 소리들을 찾느라 나의 침묵이 깊어 간다 안으로 삼킨 내 소리가 소화 중이다

비명(悲鳴)들이 사는 골목으로 내달으면 선명(善鳴)\*한 소리가 될 수 있을까

나는 소리의 구멍 소리의 빈터, 향기로 이어오는 소리들

의 외부, 여기가 나의 내면일까 소리가 되기 위해 소리 없이 응시한다 오류를 더듬어 소리의 결을 찾는 허공이 커다란 공동(空洞)이다










* 선명(善鳴) : '문학은 좋은 울림이다' 이이의 문학사상으로 선명(善鳴)을 문학의 최고 단계라 주장함. 또는 선명(善明) '성인은 마음이 선명하여, 천리와 인욕을 분명히 가른다'(이이, 「성호집요」).

부적


깊숙한 곳에 넣어둔 장화는 오래도록 부동자세다.

진창을 건너는 발을 안다는 건
함께 한다는 말인가.

밧줄이 출렁거리는 건 추락을 지연시키는 일
미로 같은 붉은 선들 어딘가에
출구가 그려져 있을 것이다.

불안의 방패는 완전한 불안 같아
덧댄 솔기가
언제나 봉제선 바깥이듯

철조망에 걸친 사다리 키가 낮아진다.
울타리에 매어 놓은 가시에 기대어
잠들어라 불신들이여.

손을 펼칠 때마다 주문을 다져 넣고
쓰다듬어 보는 바닥
쓸어내리는 골짜기

허공 한 걸음 내디뎌 볼까.
외줄 타고 진창을 가로지를 때
비명은 곧 환호성이 될 수 있을 테니

믿지 않음도 믿지 못하는 공간들에
불면 날아가 버릴 듯
뿌리 없는 중심을 어떻게 변명하나

아무도 믿지 않는 나를 가장 믿기 어려워
철조망 사이 숨어서 보는 거다.

## 물고기자리 여자



피아노 위 유리 상자 속에 커다란 조각彫刻 목선이 놓여 있다

목이 잠긴 피아노 속으로 출렁이는 검은 바다, 갈매기 소리
흰 건반이 눈물을 삼키고
검은 건반이 말을 삼키고

긴 복도에 자리 잡은 검은 피아노가 꽉 다문 입을 열지 않는다

목선 상자 위 아로마 향초가 탄다
훌쩍 커버린 음표들이 먼 곳에서 안부를 삼키는 밤

뚜껑 위에 걸쳐진 검은 외투가
항해의 기억이 없는 목선의 뱃머리를 두드리기도 한다

침묵을 재단하는 현으로 떨리는 가슴의 언어를 엿듣던 때가 있었다

소리가 되지 못한 떨림에 먼지가 쌓이고
검고 흰 밤들이 막대기로 나란한 규칙처럼 반복될 때
내일로 향하는 꿈속에 뱃고동 소리가 울리곤 한다

향초가 흔들리는 곳으로 파도가 밀려온다
긴 복도가 어둠에 잠기고

귀가 어두운 남자가 낡은 앨범을 목선 옆에 내려놓는다
아무 멜로디도 새어나오지 않는 밤, 모든 소리가 갇힌 창

피아노가 발견되었다 늘 한자리를 지키던
오래된 침묵의 멜로디와 여자의 구름이 발견되었다

## 상류

> 나는 가끔 '지는 자가 이기는 자가 되는 놀이를
> 하는 것이 아닐까, 그리고 모든 것이 백 갑절로
> 불어서 되돌아오기를 기대하면서 예전의 희망들을
> 짓밟는 데 열중하는 것이 아닐까...
> — 장 폴 사르트르, 〈말〉 중에서

여기가 중독 지점이다, 점프
줄이 물에 닿을 듯 말 듯한 지점에서 오래 흔들린다.

점프대의 높이가 줄의 길이를 정한다

굴절이 시작되는 빛의 연회장으로
목을 매고 비행한다 (요 행의
목은 몸의 고의적 오타다.)

해도, 진폭이 줄어드는 즈음에서
새로운 숨결로 열리는 천상의 빛이 감싸줄 것이다

라는, 예측은 단단하다 수 가닥 엮인 줄 꼬이고
꼬일수록 불안의 틈새가 좁아진다

까마귀 울음 사이로 어디선가 불쑥 끼어드는 행진곡

뛰어야 한다 눈을 감고, 다시 적멸 같은 적요
부릅뜨면 좋겠다

남은 삶이 있어 떨리는 것이다 실전 같은 연습 앞에서
신발이 치명적으로 미끄러지고 (이 행의 신은
시의 오타라 억지한다.)

5. 4. 3. 2. 1, 고요한 수면

그러니까 상류를 거쳐 온 침묵
누구도 물에 아무런 영향을 끼치지 않았[는]다. 결정적
으로
진부한 수심과 시드는 진폭 사이로 유행가 가락이
느닷없이 빠르게 밀려갔을 뿐이다

이 시의 제목은 오타다.

## H에게—멜랑콜리커

[넌 연필이 아닌지, 아니지]

철봉이나 버팀목이면 안될까 우리, 덩굴손으로 타고 오르기 좋은 거리와 불안한 직립을 살아가는 사이, 非를 살고

[넌 사이비 교주를 신봉하는 게 아닌지]

두 개 이상의 층위를 갖고 싶어 우리, 왼편과 오른편의 이상을 향해, 어느새 더듬어 오르는 환삼덩굴의 가시들, 무성해라 발바닥들,

[넌 사다리를 받치는 오래된 나무처럼]

사이란 낱말을 나이로 고치고 싶어지는 나이가 있지
등을 돌려도 마음이 돌아서지 않는 날이나, 돌아선 마음을 안고 마주 서 있는 날이나

[단단하게 부드럽게 넌, 설 수 있을지]

내가 나에게로, 앓던 귓불 널어두던 자리 건너기 위해

그래서 백짓장 같은 시선 펄럭이던 때부터

[굳은 심지에 침 바르고 싶다]

　좋은 자세가 필요해, 非를 못 버리고 두 손 마주 잡고 걸을 수 없는 우리,

## 인디안 썸머 Indian summer

붉은 색을 좋아하는 새가 있어 나무가 붉은 꽃을 틔우는 것이다.

뒤늦게 도착하는 행렬을 맞아
휘장을 펄럭이는 숲
어스름 속에 연기가 흐르기 시작한다.

가마솥 아궁이에 잔열이 식어가고
불씨가 꺼질 때까지
아랫목이 윗목과 닮아가는 중이다.

떫은맛들이 향기를 더해가도록
한낮을 고민한 얼굴 위에
노을빛 곱게 머문다.

여기를 떠나려는 씨앗들
소슬한 날개를 익히고
어디론가 떨어지는 예고를 보낸다.

대지가 만상(萬祥)의 기준이다.

벌어진 피막 사이 단단한 말투가
건조를 기다렸는가.
가을을 앞세워 불시착한 여름이 목덜미를 적신다.

후텁지근한 빨래들
흔들리는 팔다리가 가벼워질 때

열매가 둥근 본질에 충실하고
꼭지의 매달리는 본능으로 농익어 간다.

## 기다림 없는 기다란 기다림의 시작

　띠-아모, 간판에 불이 들어오지 않았다 창밖으로 거리를 내다보다가 노을이 물드는 걸 보고 싶다 거품 수북하게 커피를 채워 놓고 가장 효과적으로 빈둥거리고 싶다

　손님 없는 카페에 쌍화차 향 짙게 스밀 때, 먼지와 담배 연기로 시야를 가리던 빛줄기 속으로 웅성거림이 들려올 것 같다

　소파의 낡은 천 냄새를 맡으며 오래 머물고 싶다 누구를 기다리지 않는 열락을 확인할 수 있을 것 같다

　조명 갓 위에 쌓인 먼지가 붉게 물드는 걸, 백열전구 아래 펼쳐든 손가락이 투명하게 빛나는 걸, 그 오렌지 빛 살갗처럼 투명하게 붉어지는 입김을,

　붉은빛이 낯설어지는 날에 낯선 심장을 꺼내어 주물럭거리며, 낯익은 주검의 자세로 안식을 취하고 싶다, 띠-아모, 아직 간판에 불이 들어오지 않을까 왜,

## 수다

 [넌 뾰족한 돌멩이를 들고 다른 돌멩이 등에 박박 밀어붙이는군]

 [분가루 드러나는 이야기, 그 지층에 퇴적의 날개가 돋는군]

 [분무기로 수분을 공급하고 주무르기를 해 봐도 다시 흩날리는군]

 [지금이 어제와 내일로 뭉쳐진 백색 무덤이군]

물끄러미,




고양이가 한나절 갖고 노는 걸 한나절 너도 본다
자음의 뿌리로 모음의 꽃을 피우는 동안


낮과 달이라는 음절이 한 곳에 든
거기의 중심은 명상인가 망각인가


뒤란이 깊어지는 동공에
멀리 있거나 보이지 않는 것들을 파종하는 사이다


회전초가 구르다 돌고 도는 사막 같은
회오리 끝에서 멈춘 마찰력


암나사와 수나사의 묵은 틈에
싹트는 부재가 있다


사막 같은 것이라서, 등 돌리고
밤새 몸을 뒤척인 능선들


바람을 재우는 모래의 주름에 그늘이 범람한다
둔부의 곡선을 쓸어내리는 눈이 저무는 동안

빗살무늬는 맞으면서 찍는 문신
바람의 자국으로 단단해지는 文質

오래 바라보면 끌려오는 저쪽이 있다
오래 바라보면 사라지는 이쪽이 있다

금단의 화초가 자라는 정원에서
분출하는 향기의 국적을 따라 갔을가

아침이거나 저녁의 노을 앞에
끌림으로 발굴되는 정지 화면 같은 한때

늘어지기 위해 감고 올라가는 저 치렁치렁한 줄기들 끝에

은밀해지는 발자국들 이끌고 탄생하는 문명이다

밍밍하도다!



설마 그렇게 될까—의심하지 않는다
얼굴선을 따라 빛이 지나간다 매끄럽게

*목소리보다 많은 소음들,*

정말 그렇게 될까—믿지 않는다
소리를 얻은 빛이 귓바퀴 뒤로 사라진다 강렬하게

*익숙한 소리가 모래알 밟히는 소리처럼,*

치켜 올린 턱에 손가락 각도를 재는 눈빛
옥수수염차를 마신다 부드럽게

*어떤 날 오후를 지나간 십일월의 그늘처럼,*

심심하게 스미는 걸 구수하다고 하나
물의 농담이 노랗게 번져온다

*흔히 일어나는 직선과 곡선의 이야기,*

정말 그렇게 살까―의심하거나 믿거나 하지 않는다
옥수수수염차 같은 어제와 농담이 있다

## 무제-특별한 노래

잠 속에 묻힌 가느다란 꿈처럼
침대 모서리에 내려앉았다 돌아가는 그대는
꿈에 닿기 전에 웅얼거려보는 멜로디

베어 물었던 고추의 남은 반쪽에서 벌레의 흔적을 발견하는 날
입안의 고추는 얼른 삼켜야지, 차라리
무지막지하게 매운 고추였기를 바라지

화끈하고 얼얼한 입김으로
생각의 틈을 메워주지
나는 가끔 그런 꿈을 꿔

장미와 가시오이 넝쿨 사이로 비가 내렸지
땀을 훔치고 코가 간지러워지는 이유
그건 필연과 우연의 시소라 하면 될까

흰 종이와 볼펜 대신 더듬거리는 굴레를 보장하는 당신

봉에 달린 말을 타는 기분 같을까

달리지 못해도 반드시 돌아오고야 마는
말에서 뛰어내리다 깨는 꿈
내 꿈은 꿈이라 다행인지 불행인지

어제는 그늘의 양심과 오늘의 문장을 배웠어
여기 없는 나무에게 구름이 드리우길 바라는 날
내 꿈은 가끔 까맣게

그런 꿈을 꾸기도 해
장미는 가시를 잃어버리고 비를 맞는 날
모르는 일과 침묵하는 일 사이로 고개 숙인
오류의 뒷면이 유리창처럼 환한 날

그대를 모셔야 할 오늘, 빈 의자가 없는 날

## 목련 마조히즘

사방 둘러봐도 황홀에 갇히는 좀비적인 봄
―날, 송두리째 넋을 뺏는
향기가 [있는 거야 없는 거야]
없어도 있고 있어도 없는 폐허의 눈부신 백화

한동안, 유령처럼 떠도는
권태를 묶어 농락하는 사월
다시 겨울로 가야 할까
뒷걸음 쳐봐도 꽃의 공허, 봄의 활소(闊疏),

이 화려한 무상, 어디로 가야 할까
거부할 수 없는 온기의 품이 드넓어지는 계절
알정신을 내려치는 채찍 같은 바람의 끝

허공을 날아와 숨과 모든 껍질을 뚫고 들어오는
손끝까지 아픈 봄,
―날은 [있는 거야 없는 거야]―사디스트

## 사과와 귤이 놓인 정물

절망만이 노래가 되었다

가는 말 오는 말의 시차를 견디지 못하는 눈 속으로 먹구름이 날아든다 출발 지점을 통과한 사과가 시들고, 빛이 빠져나가는 쪽으로 바닥을 짚는 유리창

지붕 없는 옥상 위로 까마귀가 날았다

백색 빛무리가 흔들리는 식탁, 문 두드리는 소리를 듣지 못하는 손이 사과를 더듬는다 도마뱀 같은 어제의 길이 어긋나고 며칠 째 굴러다니던 귤이 쪼그라들었다

열망만이 추억이 되었다

마른 껍질에 모여 허무나 공백들 파랗게 피어났다 벗겨지는 오후 여섯 시의 외피, 찌푸린 얼굴에 묵은 분 냄새 풍길 듯하다 어제까지의 너와 오늘의 내가 완벽에 가까운 반반

아슬하다, 창밖 전봇대에 까치가 울었다

## 꿈꾸는 냉장고처럼

깊숙이 들어가다 잊은 듯 돌아오다

어둠에 익숙해질 때가 온다 숨 쉬는 투구와 토기에서 흘러나오는 새우젓이 삭고 있을까
기억은 사라지고 기록만이 흔적이 되고
기록조차 없으면 '등'으로 몰려가는 통속을 나열하듯

숯내에 묻힌 육질, 사과 귤 토마토 향기는 각자의 속도를 가지고 전시되거나 건조되거나

밤새 가릉거리며 적요의 중심부를 뚫고 나오는 건, 고생대 동물의 이빨들 사이를 새어 나오는 울음소리를 흉내 낸 것
박물관 내부처럼 아득하게 닫힌다
레코드판을 읽는 바늘처럼 폐부를 긁으며 파고드는 일요일의 목소리

중심이 비뚤어지다
불면의 멜로디가 익어 가다

집이 깊이 잠든 밤, 박물관을 경청하다

## 병가지상사

**그렇다면, 한 번 실수라 하자**

늘어난 고무줄이 툭, 끊어졌거나 손에서 빠져나간 것처럼
전화가 끊어졌지
손끝이 허전한 것은 아직도
꼭 쥐고 있던 고무줄의 모서리를 기억하는 손가락 때문이야

그날 밤, 외등이 왜 등을 껌뻑거리는지
**흔한 일이라 생각하자, 그렇지만**
투정을 수사로 대신하는 날

반 토막으로 닳아진 연필은 심장 가까이 맥을 이어오는 단단한 흑심이 슬플 따름

그것은 종이 위에 흩어질 가루였으므로, 검은 입자들의 집합체였으므로 그려진 그림을 보고 난 후에야 알게 되는 것
진하게 칠해진 그림이 문지르는 손을 검게 물들이다 다시

사라질 마음이라는 걸,

  그림 내용이 중요하지는 않지 훅, 연필 가루 불어낸 자리에 검은 얼룩으로 남은 그림자는
  누가 알까
  한때 저렇듯 단단하게 품었던 걸

  당신이 전화기를 가끔 가슴에 대는지
  **죽을병 일지도 모른다**
  꼬리뼈가 근지러운 날

  영화관의 어둠은 태내 같아서 때론 둥둥 떠 있는 한 점 구름이 된 듯하다 어느새 잠수중이라는 이름의 평안이 감싸주지 삐걱거리는 소리로 몸을 뒤채거나 삐딱한 허리를 풀어보거나 요람에 묻힌 짐승처럼 꼬물거리다가 출렁이는 양수 따라 들려오는 자장가에 취해 까맣게 잠 속으로 빠지고 싶기도 한 걸

제4부

야위고 구부정한 당단풍나무 곁으로 지나는
바람의 줄기는 차고 차다 그리고,



김을 매는 일이 풀의 생을 뿌리째 들어내는 일
요양도 아니고 휴양도 아니다

이삿짐은 창고에 맡기고
나는 강가에 맡겨졌다

모든 자의가 타의 같다

강물 위로 카약이 지나간다
구령 소리와 먼 휘슬 소리,

물소리가 들리지 않는 건 깊이 때문일까
먼 거리가 깊이를 만든다

철제 울타리 사이에 이름 모르는 풀들이 자랐다

나는 여기에 이식되고 있는가

삶에 불쑥 끼어드는 사람처럼
익숙하던 길 위의 낙석처럼

멈추게 하는 모든 타의가 자의 같다

바람이 가끔 아주 가까이 지나가며 괴성을 내지르기도 한다
시선은 울타리 넘어 강을 건너 먼 능선 너머로 간다

유목도 아니고 방랑도 아니다
풀은 뿌리에 매달린 흙덩이로 생을 이식하기도 한다

강둑 아래 헬멧 두 개가, 빠르게 지나갔다 빠르면 기차—
그리고,
바람이 차다

## 무도회의 초대

> 그리운 어미를 집어삼키는
> 어린 살모사에게
> 그의 이름은 가장 큰 형벌일 것이다

1.
낡은 킬힐 한 짝 억새밭 사이에 방치된 채 짧은 길 마감하는 주검을 떠나지 못한다
　반드시 그녀여야 할 이유가 있었다고 그때 그 자리 그의 앞을 지나가는 그녀

　눈보라보다 매서운 계절 속에 핏덩이를 팽개친 엄마라는 향기가 겹쳐졌다고

　바람에 밀려 추락하듯 태어나는 눈보라, 요람은 준비되지 않았다 각의 본질을 숨기고 물의 모습을 닮기로 했다고

　지하철에서 부딪치는 어깨나 반대편에서 들어오는 지하철 승객의 눈빛, 수천 년 기다림에 대한 응답 같은 것

　내가 아니어야 할 이유는 없을 것이다

2.
플래시가 터진다 비율 좋은 피사체를 훑어 내리는 렌즈, 둥글고 굵은 기둥처럼 솟는 비트 리듬 아래 알코올처럼 떠도는 눈빛

죽음의 언덕을 기억한다 킬힐이 찍고 지나간 보도블럭의 얼룩진 무늬, 처음으로 느꼈던 그리움의 장소

고개를 치켜드는 것은 독을 저장한다는 의미, 저장된 독을 입가에 모으는 의식이었다고,
취하는 리듬에 마지막 상영되는 영상이 지워진다

샹들리에에 맺힌 빛의 송이송이마다 죽음이 빛난다
나의 엄마와 엄마의 이력을 지닌 그들과 엄마라는 라인을 향해 가는 걸음들,
그 부신 얼굴들이 천정에 매달려 반짝인다

3.
정적 속으로 걸어 들어가는 구두 굽 소리

누구도 기억하지 않을 것이다
적요를 균등 분할하는
또, 각, 또, 각,

그리움을 채근하는 언덕을 향하여
영사기를 빠져나오는,
기나긴 필름 같은 파티가 이어진다

## 歲暮 부근

그는 이장되기를 기다리는 주검처럼 마음이 빠져나간다

나뭇잎은 나무가 피워내는 마음의 조각이다
앙상한 옛사랑의 병명으로 가지에 핀 불빛들이 흔들린다
죽은 나무에서 떨어진 씨앗이 뿌리내릴 곳 없다
무채색 옷을 껴입은 바람이 거리에 떠돈다

얼어붙은 도시의 대문들이 막막한 사막의 은유다
식어 가는 난로 옆에서 그가 다시 불씨를 뒤적인다
흩어진 나무의 마음들이 불려 나온다
마음을 버려두고 기웃대던 시간들이 따라나온다

밤이 낮의 시간을 나눠 받고 고요히 악수로 협상한다

오늘 화장된 아내는 인사도 없이 생을 빠져나갔다
 강물 속으로 뿌리 내린 가로등 불빛이 죽은 이의 눈빛을 닮아간다
 빛은 어둠의 상징; 강물이 수경 재배 중이다
 젖은 눈빛들이 모여 강의 주머니를 가득 채운다

추운 혼들이 자주 출몰한다는 오래된 교회 근처에 서성인다
  사그라지는 불씨를 들여다보는 고요의 파장,
  그의 저녁 식탁을 가로지르며 한 무리 공허가 몰려나간다
  모래가 다 빠져나간 모래시계를 문득 떠올렸기 때문이다

  오래 앓던 안개의 품에서 그가 지금 무럭무럭 죽어 간다

## 지팡이


고택만큼 조용한 의자에 기대 수신 없는 전화기의 혼잣말을 듣는 시간

환기되지 않는 방에
묵은 햇살의 냄새

당신의 외출 앞에
계단이 엎드린 짐승처럼 등을 내준다.
대문을 나서면 길이 꺾이고

틈을 향해 날아와 꽂힌
전단이나 고지서들
붉은 우편함이 그 집의 방패 같다.

있어도 좋고
없어도 좋을 기다림이
안개 속 뒷모습으로 남는다.

기우는 처마 아래
고독에 지친 모자를 벗어 놓고

그늘의 확장으로
하루가 저무는 시간

잠에 빠진 의자는 깨어날 줄 모른다.
어디로 가고 싶을까
어디로 가고 싶었을까

지팡이는 파수꾼
주인의 손금을 기록한
그 집에서 가장 큰 가구

가늠할 수 없는 실재다.

## 새의 화석이 발견되다


떠난다 지상을 버리고 표정을 버리고 묻는다 유리를 부르다 잃어버린 것들
  이후의 새의 시간들,
  뿌리 아래 깊게 파고 묻어 둔다

  발견된다 새가 돌아갈 자리의 어두운 시간과 유리의 광채에 낀 발톱 자국들
  문을 찾다가 얻은 것이다
  길을 잃어 허공에 매달리는 눈
  눈을 잃고 어둠을 채운 방
  귀을 잃고 바람으로 우는 방
  귀를 잃어 벽을 세운 마음
  마음을 잃고 허공을 얻은 그가

  낙엽 더미를 들추면 잊어버린 시간의 뿌리를 찾으리라
  입을 잃어버린 그가
  노래를 잃어버린 새
  울음을 잃어버린 새
  가슴을 잃어버린 새
  지붕을 잃어버린 새

거기서조차 부를 수 없다면 거울을 잃어버린 새는,

과밀한 이파리 사이에 자리한/ 청명한 허공에/ 과속하는 바퀴가 있다



다가설 수 없는 길이 있다.

빗물은 죽음을 무릅쓴 투신으로 머리카락을 늘어뜨리는
구름의 에로틱한 내면

과속하는 바퀴 앞에서
깊은 골짜기로 향하는 밀월처럼 달콤한 환상
아지트를 꿈꾸는
한 뼘의 침실

빗방울이 모래를 사랑하여
삶과 죽음의 자리바꿈이
자리다툼으로 바뀐다 해도

돌아, 섰다가 돌다가 쉬다가
늘어뜨린 사지를 바람에 맡기는
풍향계는 어느 방향으로도 갈 길이 없다.

눈을 뜨고도 보지 않는다.
표정을 찌푸리는 것으로

읽히지 않는 것들을 일그러뜨릴 수밖에
순수를 향한 아우성이 초점을 잃는다.

농담 같은 저녁의 이야기

한 번 새기면 지우기 어려운 향기
정신의 지붕에
새기는 윤리는 몸에 꽃피는 문신처럼
향기로워서

모래바람이 몰려오는 몸
기억의 깊은 동굴 속에서 울리는 함성이 백지가 되고
무덤이 잉태된다.

순행하는 춤을 이끄는
환절의 긴 기침 소리
그늘과 햇볕의 온기 차이가
절기와 절기 사이 마지막 군무를 펼친다.

## 비의 징후


침상의 머리는 언제나 문이 잘 보이도록 놓여 있다.

바람의 방향이 바뀌는 걸 알아차린 걸까.
창밖 가지들이 움찔거린다.

호스로 이어진 코로 받는 식음을 거부하고
긴 여정에 드는 걸음

제 무덤을 찾아가는 코끼리
그 깊은 눈동자를 본 적이 있는가.

맥박과 혈압을 그리느라 가쁘게 오르내리는 그래프
몬순의 전위적 행위 예술처럼 읽다가

잠든 모습으로 맞이하는 얼굴을 쓸어내린다.

몰려온 마지막 색깔을 저장하고
어둑해지는 하늘

널어놓은 고추의 꼭지들이 들뜬다.

어스름 거미집의 중심이 되는 나비
멀리 있는 것이 가까이 보이는 것이다.

들판 곳곳이 굳어 가는 물관을 연다.

## 가방수집가

　옆 좌석 승객이 목을 조른다 얼굴을 일그러뜨리고 가방을 뺏으려 한다

　여기, 살려 주세요
　거기, 이 소리 들리지 않나요
　끝내 터져 나오지 못하는 비명은 발버둥의 크기로 가늠이 될 테지만, 아무도 돌아봐주지 않는다

　저항의 포기가 깊은 깨달음이라 생각한 적 있다

　커다란 여행 가방, 안에는
　검은 나뭇잎과 푸른 눈발, 거짓의 혓바닥을 수없이 잘라 담았다

　간혹 조인 숨통을 틔워 나의 발버둥을 즐기는
　그것은 언제나 가장 가까운 곳에 도사리고 있는 것
　태어날 때부터 나를 노리고 있었던 것

　모두가 귀가를 서두르는 중이다 버스는 노선을 벗어나지 않고

승객들, 묵묵히 큰 가방이다 기사와 승객, 모두
한통속일지도 모른다 버스의 좌석이 운명을 좌우한다

가방을 그냥 줄 수도 있었을 거다 이미 의지 밖으로 벗어
난 건지도 모른다

저항이 포기되지 않는 건 깊이 꿈꾸기 때문이다
가방이 부려진다
여기는 꿈의 바깥, 검은 나뭇잎 뒹굴고 푸른 눈발 덮쳐
오는 잿빛 숲이다

## 거미가 줄을 타고

눈이 많은 곳에서 태어나고 눈이 많은 곳에서 사라지는 건
이유 없는 이동의 끝

유리창은 한때 검은 밖을 향하다
환한 네모를 대변하다

하고 싶은 얘기 듣고 싶은 얘기가 있다는 게 다행이야
좁은 밤을 통과하여 아침이 온다는 게

지워지지 않은 기억이 맴돌다 흘러내리다
무화과 불룩한 뱃속에서 꽃의 기억을 삭히는 중

점점 작아지다 점점 번져가다 점점 흐려지는
겨울 소묘 몇 점, 벽의 호흡 같아

적막은 남쪽으로 행간을 넓히고
회귀하는 주름이 둥글게 스며든다

세상에 없는 친구가 찾아왔다 돌아가고

거미가 줄을 타고 내려오다 멈춰 서다

하고 싶은 얘기, 듣고 싶은 얘기가 남아있으니
기적이야 아침이 온다는 게

반환점이 되어 두근거리는 길을 남기고
오늘 당신 입김에 거미줄이 흔들리다

## 불[꽃]놀이-정전, 그 후


조여 오는 빛과 풀어지는 黙의 환희라 치자.

천천히 익숙해지는 거다.
등이 켜지지 않는다는 걸 알기 전부터
끊어진 선, 열린 세계가 무한을 향한다.

집을 나서는 의식이다.
휘발하는 형체들처럼 존엄(尊嚴)의
비-행에 드는 적극적 행로다.

고통은 죽음보다 힘이 드는 것일까.
영혼 혼인을 올려준 배필과
혼인 사이에 끼어든 생으로
길 끝에 새로운 길을 잇는 거다.

밀월이라고 치자.
비밀은 확성기를 타고
낮은 소리는 소문이 되지.

너보다 오래 살아 떠도는

검은 심장을 말하지 마라.

명암의 선을 안고
팔베개에 기댄 뒤안길

유치를 밀어내고 싹트는 영구치처럼
다음 목적지는
빛을 볼모로 사용하는
풀리지 않는 수수께끼다.

타버린 땔감이라 치자.
열애의 연대 속
늙지 않는 피앙세의 구전되는
무의 완성이거나 포기들 무성하게

숯과 불이 다시 만나는 불꽃, 일어난다.

모래시계

   시계(視界)를 넘어 가는 흰 새는 순백의 케이크 위에 날개를 접었는가.

   솜사탕이 녹는 동안 엄마가 보이지 않고, 회전목마가 돌아오는 동안
   촛불을 끄는 환호성

   시간이 바닥날 때 모래가 내려앉는다.

   아이는 모래를 한 삽 퍼서 양동이에 담고
   동생은 또 한 삽 떠서 손등을 덮고

   회전그네가 출렁일 때마다 손아귀에 손톱자국이 새겨진다.

   모래의 낙하에 눈 떼지 마라.
   엄마의 목소리는 날리는 모래 속으로 흩어지고

   롤러코스터는 눈을 뜨고 타는 거야.
   오빠가 달리면서 내던지는 말

나뭇잎이 반짝이는 건
흔들리는 걸 좋아하는 내게 보내는
잔소리 같아.

비눗방울이 날아오르다 톡,
눈을 떼지 않았는데 톡,

당신의 생일을 축하합니다. 입안에 번식하는 허밍

따라서 뛰어오르다가, 더 멀리 날아가도록 바라보다가

시계를 뒤집을 때 허공이 바닥을 대신한다.

우리를 이끄는 후렴구로 멀어져가는 휘파람, 오늘도 자장가가 들린다.

## 드라이아이스 2

　毒이 모자라 福을 앓는다

　모두 유고(有辜)하시라 안녕하지 마라 불안하거든 감사하라 감사를 감사하지 마라 감사가 독이다 독이 감사하다는 건 독 안에 있을 때는 모르는 일,

　독으로 살아지는 그곳이 복된 곳

　안개 효과를 일으키며 로커의 몸짓을 엿보다

　무대를 장악한 건 안개였지만

　헤비메탈이 오래 기억되는 걸 즐거워하다

　시시각각 떨어지는 유고는 침대 과학에 숨겨진 스프링처럼 저 혼자 출렁이다 가라앉는다

　목적지 없는 여행에 들어서다 무고를 살다 발라드풍으로 돌아오다

복으로 길들여진 네가 낮잠에 든다 오후 6시에 꿈속이나 꿈이 아니어도 좋다

금방 열고 나섰던 문이 천천히 닫힌다

하얀 집이 아네모네 향기 속에 사라진다

헤드뱅어의 흔들리는 리듬을 이끄는 로커의 노예가 남는다

Happy Bird day to you 기도하지 않지만 기대해 본다
Happy birthday to you... Happy birthday dear my condor*
기대하지 않지만 기도해 본다

P.S; 다가오지 않은 시간을 문제 삼을 시간이 없다 사라지는 것이 있어 빼곡하게 살아지는, 나른한 철로 옆에 풀꽃이 핀다 풀씨의 탈선이 있었다 해도, 시간 맞춰 기적이 울어도 기차를 본 사람이 없다 아무것도 아니므로 아무것도 남기지 않는다 부디 有幸하시라

* 안데스 대머리독수리

## 녹색순환선

　비정형 문양을 버리고 간 저쪽, 찔레꽃 무늬 모자가 떠가는 길이다. 머리가 이끌어가는 힘에서 풀숲의 중심을 보게 되는 것이다.

　허물은 역방향이다. 당신의 서체는 앞쪽을 대변하고, 변하지 않는 일필휘지다. 기록과 내용이 다른 방향을 향하고, 안개에 싸인 무릎을 더듬으면 끝까지 남은 이야기가 이미지로 채워진다.

　낡은 자전거를 기억하지 못한 허물이 도로 위에 뒹군다.
　가시를 뱉어낸 입술의 허물이 마루에 떠돈다.
　푸른 비밀을 안고 낡아가는 처마 위 어처구니가 허물어진다.

　정점은 언제나 발아래 있다.
　뒤쪽이 아름다운 건 돌아보는 자리마다 허물을 남겨놓고 온 이유이다.

　촛농이 식어갈 때 뒤를 다녀오게 하거나
　넘어가지 않는 페이지에서 멈추거나 덮어버리는 일

가위눌린 꿈에서 구출해주는 일

 추억의 경계를 뚝 떨어내고 싶은 것일까. 그믐 지나 다시 태어날 수 있을까. 허물의 흔적들, 어제를 묻어준 자리에 피우는 앵초 꽃말을 만지곤 한다.

 무게중심은 껍질 쪽으로 가라앉는다. 구불거리는 묘비명을 남기고 사라지는 것의 중심에 당신이 있는 것이다. 허물이 사라지는 날 어디선가, 누군가 탄생한다. 돌아오는 길, 기일을 잊어버리고,

## 안부를 묻다


검은 얼룩이 제 맘대로 허공을 주물러 댄다
구름의 틈새를 뚫는 빛 날 사이에 밤새가 난다

문 두드리는 소리가 들리지 않았고
나뭇가지에서 모래바닥으로 옮겨 앉는 공기의 미세한 이동을 듣는다
소리 없이 문이 열리고,
나는 내가 보이지 않는다
흔들리지 않던 그의 시선과 눈길 맞출 수 없다
키 큰 실루엣이 등 진 달빛 속에 우뚝하다, 옷자락이 끌리듯
그가 돌아선다 진동 없이 걸음 느리다
넓은 등이 심야의 적요 속으로 묻혀 간다

꿈이었을까 빈 그네가 흔들린다

자막이 오르는 동안을 견디지 못하고 극장을 빠져나가는 사람들처럼
줄지어 生에서 사라지는 그를 막아서지 못한다

해 설

## '운동하는' 세계와 '갱신되는' 자아의 다양체

김재홍(시인, 문학평론가)

    연속성을 파악할 수 없는 굴절되거나 단절된 이미지들, 그 이미지의 조합들, 디지털시계와 같은 단속적 흐름들, 끊어질 듯 끊어지지 않는 힘들, 기괴하거나 간절한 희망의 편린들, 그리고 그 모든 것들의 종합…… 백선의 이번 시집은 첫 작품부터 마지막 작품까지 날렵한 현대성을 보여준다.
    백선은 대상을 부정하지 않지만, 즉자적으로 묘사하려 하지도 않는다. 일관된 시적 화자가 있지만, 그의 시선은 단선적이지 않다. 주체의 동일성에 대한 부정을 현대성이라고 말할 수 있다면, 백선의 시편들이 보여주는 우발적이기까지 한 시상의 돌출은 완전히 그에 부합하는 양상을 드러내고 있다. 그것은 이질적인 심상들이 갈마들고, 개념화할 수 없는 시적 주제들이 엇갈리는 백선 시 세계의 천변만화이다.
    강렬한 시적 의욕을 표상하는 이러한 역동적인 시 경영은 매우 현대적인 미적 자각이라 할 수 있다. 운동하는 세계가 있고, 운동하는 시가 있다. 세계가 운동하는 만큼 시도 정지를 거부한다. 시인에게 '정지'란 없다. 참다운 시인은 언제나 시시각각 운동하는 세계와 함께하면서 그것을 주객관의 이원론적 대립물로 인식하지 않는다. 운동하는 세계를 둘로 나눌 수 없는 만큼 시도 하나-여럿의 유동하는 일의적 세계를 이룬다. 백선의 시적 현대성은 운동성의 자각에 있다.

시인은 세계를 자기화하는 동시에 그것을 부정하는 사람이다. 그는 자신의 내면에 투사된 세계를 언어화하면서도 그것이 유일한 세계라고 단정하지 않는다. 시인은 시적 다양체를 운명으로 받아들이는 사람이다. 그는 끝내 자신마저 부정함으로써 새로운 자기를 찾아간다. 그러므로 백선의 현대성은 또한 다양체의 인식과 끊임없는 자기갱신에 있다.

백선의 『사막과 찬가의 변증』에는 운동하는 세계와 갱신되는 자아의 다양체가 불협화음의 협화음을 이룬 시들로 채워져 있다. 작품마다 '같음-다름'의 경계를 무너뜨리면서 무한의 이질적 동일성을 표현해내고 있다.


**넘어도 그만 안 넘어도 그만인**

여기 뫼비우스의 띠가 있다. 안팎으로 나뉘지 않고, 앞면과 뒷면이 구별되지 않는, 무서움-슬픔의 쌍이 슬픔-웃음으로 연결되는 하나의 거대한 원이 있다. 그리고 바로 "그게 탈이다."

> 그게 탈이다
> 겁이 많아 슬픈 내가
> 무서운 척 할 수 없어 더 슬픈 내가
> 슬픈 척하지 못해 웃기만 하는
> 내가 우스워서 또 웃는
> 나는 탈이다
>
> — 「웃음론 2」 전문

겁이 많아 슬픈 것이 탈이고, 그래서 무서워도 무서운 척 할 수 없어 더 슬픈 게 탈이고, 마침내 슬픈 척하지 못해 웃기만 하는 내가 우스워 또 웃는 게 더 탈이다. 그러므로 나의 웃음은 '탈'이다. 여기서 탈은 '뜻밖에 일어난 걱정할 만한 사고'라는 표의적 의미를 넘어 '얼굴을 감추거나 달리 꾸미기 위하여 나무, 종이, 흙 따위로 만들어 얼굴에 쓰는 물건'이라는 이중적 의미에 도달한다. 알고 보면 '탈'이 '탈'(가면)이었던 것이다.

「웃음론 2」는 '운동성에의 자각'과 '다양체의 인식과 자기 갱신'이라는 백선 특유의 현대적 감각을 전형적으로 보여주는 작품이다. '겁-슬픔' → '무서움-더 슬픔' → '슬픔-웃음' → '웃음-웃음'이라는 이미지의 연쇄를 이끌어가는 운동이 있고, '탈-탈(가면)'이라는 의미론적 역전의 운동이 있다. 두

가지 운동이 작품에 율격상의 긴장을 부여하면서 생동감 있는 한 편의 우화(寓話)를 완성하고 있다. 그리고 그 순간 '내'가 가진 이중성이 폭로되면서, 다양체로서의 자아에 대한 인식과 자기 갱신까지 이뤄진다.

그렇지 않은가. '나'는 하루하루 힘겨운 세속의 삶 속에서도 웃음을 짓는다. 웃지 않으면 안 된다는 듯 슬퍼도 웃고, 아파도 웃고, 고통스러워도 웃는다. 그러므로 '나'의 웃음은 웃음이 아니다(첫 번째 역설). 그게 바로 '탈-탈(가면)'인 것이다. 하지만 그것은 한 생을 살아가는 속세인의 진실이기도 하다. '우리'는 웃음 속에 슬픔을 내장할 수밖에 없지만, 그 사이사이 웃음을 갈구하며 살아간다. 웃음은 헛웃음인 것만 아니라 진짜 웃음이기도 한 것이다(두 번째 역설). '탈'이 '탈(가면)'이 되고, 다시 '탈'이 되는 이중의 역설이다.

이처럼 「웃음론 2」에는 웃음 속에 세상의 편린들이 모두 함축되는 현대인의 비극성이 여실하게 표현되어 있다. 그리고 '천상의 샘'이 있다.

> 하필, 동산에 천상의 샘이 흐른대, 뚱뚱한 사냥개, 어쩌면 고양이, 그 뒤를 쫓아오는 돼지, 뒤뚱거리는 입김, 언덕 위로 펼쳐지는 노을빛 탐욕, 해가 뜰지도 모르게 휘파람 소리 들린대
>
> 잠시 보였다 멀어지는, 돼지 뒤에 살찐 염소, 휘어진 뿔에 걸린 붉은 달, 그 배경- 푸른 밤

염소가 풀을 뜯어 먹는대, 그 소리를 듣다니, 낯익은 가면, 늘어진 혓바닥, 오르고 또 오르면 세렝게티로 이어지는 뿔이 긴 대가리

옛날의 금잔디 동산, 샘이 마르고, 트럭이 짐칸을 들어 모래 짐을 부리고
부려지는 모래자갈 중 가장 크고 무거운 것이 가장 멀리까지 굴러 내린대
샘으로 가라앉는 돌멩이들- 가면들, 얼굴들, 짐승들,

자갈보다 깊이 가라앉는 모래들- 천상의 샘이 폐쇄되고- 살아서 누구도 빠질 수 없고

사막에 비가 내리니까, 오아시스가 보이지 않고 눈 씻고 봐도 먼, 모래의 시간
바람이 심한 날 어딘가로 옮겨 앉는 모래알들
사막이 더 사막다워지고 또 다른 모래산이 일어나고, 사막이 사막일 뿐이고
무서워하는 적막과 저녁이 오고

설치되는 조각물, 그림자 행렬이 붉은 달의 배경 속으로 이어지고
이 말고 더 무엇이 있느냐고?

– 「사막과 찬가의 변증」 전문

천상의 샘은 어디에 있는가. '뚱뚱한' 사냥개가 있고, 고양이와 돼지와 염소가 있는 동산에 있는가. 푸른 밤, "휘어진 뿔에 걸린 붉은 달"과 함께 있는가. 천상의 샘이 있기나 한 것인가. 「사막과 찬가의 변증」이 던지는 바로 이 질문에 백선의 이번 시집이 도달하고자 하는 시적 목표가 있는 것으로 보인다. 무려 11편에 달하는 '사막과 찬가의 변증'이 있다는 것은 그 문제의식의 강도가 대단히 크다는 것을 시사한다.

그 가운데 표제작 「사막과 찬가의 변증」은 비틀어지고 어그러진 풍경들, 기괴한 이미지들, 규칙성이 붕괴된 시공간이 뒤죽박죽 섞여 있는 모습을 보여준다. 물론 '사막'은 물을 찾고, '찬가'는 대상 세계에 대한 오마주를 전제로 하는 것이므로 이 작품이 보여주는 시적 상황은 '변증'의 어의에 부합한다. 변증(辨證)이란 단지 말하는 것이 아니기 때문이다. '뒤죽박죽'을 보여주고, 그것이 '천상의 샘'과 구별되지 않는 간절한 열망의 담지체임을 보여주는 것. 그것이 변증이다.

여기서 주목되어야 하는 것은, '뒤죽박죽'의 양상을 표현하는 풍경과 세계의 불규칙한 운동성을 표상하는 이미지들이 맺고 있는 역설적 관계이다. 그것은 무질서라거나 파탄이 아니다. 외려 매우 정교한 상징적 체계 위에 구축되어 있다. 삶은 '나'에게 언제나 선택을 요구한다. '나'는 그때마다 온 마음을 다해 최선의 길을 찾았고, 그것이 최고의 결정이라 믿었다. 그러나 그것이 아니었다. 선택은 배제의 다른 이름이기 때문이다. 그러니까 백선은 지금 판단의 명징성을 회의하고 있는 것이다. 이것이 변증의 역설이다.

'뚱뚱한' 사냥개나 고양이, 돼지들의 뒤뚱거리는 '입김', '노을빛' 탐욕, '살찐' 염소 … '낯익은' 가면, 늘어진 혓바닥, 불이 '긴' 대가리 … 가면들, 얼굴들, 짐승들. 이 모든 것들은 '뒤죽박죽'이고 '불규칙한' 운동성이지만, 그렇기 때문에 세계의 우발적 성격을 매우 선명한 상징으로 구현해내고 있다. 이것은 다양체에 대한 인식이자 자기 갱신의 또 다른 양상이다. "이 말고 더 무엇이 있느냐고?"

앞서 언급했듯이 이번 시집에서 '사막과 찬가의 변증'은 모두 열한 편에 걸쳐 전개되고 있다. 표제작을 포함해 「사막과 찬가의 변증-겨울 해바라기」, 「사막과 찬가의 변증-공전」, 「사막과 찬가의 변증」, 「사막과 찬가의 변증 2」, 「사막과 찬가의 변증」, 「사막과 찬가의 변증-변명」, 「사막과 찬가의 변증-불[꽃]놀이」, 「사막과 찬가의 변증」, 「사막과 찬가의 변증-치, 칫, 치즈 맞아?」, 「사막과 찬가의 변증-통렬(痛烈)의 발견」 등이다.

이처럼 강렬한 의욕을 무엇이라 할 수 있겠는가. 세계의 우발적 성격에 대한 인식론적 자각의 표현이 백선의 시적 목표라고 할 때 '뒤죽박죽'을 통한 변증의 역설을 통해 그가 도달하고자 한 곳은 어디인가.

넘어도 그만 안 넘어도 그만인 금을 밟고 선다
[가혹한] 놀이로 연습된 대본
[황홀한] 잔치는 편집되지 않는 장면이다

아틀라스 나방과 호모 사피엔스의 거미줄 놀이 속에서
발뒤꿈치를 세우고
더듬거리며 걸어 나오는 나의
인어 혹은 언어,
빈 새장을 채우는 바람을 안고

[비극이라는] 누명은 누가 씌운 것인가
— 「사막과 찬가의 변증−겨울 해바라기」 부분

  그곳은 바로 경계이다. "넘어도 그만 안 넘어도 그만인 금"이다. 아틀라스 나방과 호모 사피엔스의 '금', 인어와 언어의 '금'이다. 피보나치수열은 0, 1, 1, 2, 3, 5, 8, 13, 21, 34, 55 … (으)로 무한히 이어진다. 0과 1 뒤에 그 합인 2가 놓이고, 다음엔 1과 2의 합인 3이 들어선다. 그 다음은 2와 3의 합인 5가 놓인다. 그렇게 '똑똑' 소리를 내며 이어지는(끊어지는) 숫자들의 연쇄는 '넘어도 그만 안 넘어도 그만인' (무)경계를 표상한다. 마치 진정한 초월은 경계를 없애 버리는 것이라는 듯이.

## 내숭을 들킨 여인의 표정처럼

브로카 영역(Broca's area)은 좌반구 전두엽에 있는 뇌의 부분으로 언어의 생성을 제어하고 말하는 기능을 담당하고 있다. 인류가 호모 하빌리스(Homo habilis)였을 때부터 발달해온 것으로 추측된다고 하며, 프랑스의 인류학자이자 신경해부학자인 브로카(Paul Pierre Broca)에 의해 밝혀졌다고 한다.

브로카 영역에 손상을 입은 사람들은 실어 증상을 보여 문법적으로 복잡한 문장을 만들어내는 것이 불가능하다. 대부분 문법적 기능이 미약한 내용으로만 문장을 구성할 수 있다고 한다. 환자는 자신에게 언어 장애가 있음을 자각하며, 복잡한 특정 문장의 경우에도 대부분 정상적으로 이해할 수 있다고 한다. 그러니까 언어적 이해에 결정적인 장애가 없음에도 자신의 문장과 발화를 수행하는 데 심각한 장애 증세를 드러내는 것이 '브로카 실어증'이다. "내숭을 들킨 여인의 표정처럼".

겨울 도로변에 뼈대만 남은 채 섰네 누가 다 먹었지? 어제의 타래

성장하는 내면의 아이는
핼러윈의 밤에 방문한 푸른 코끼리
펄럭이는 이명을 접고

초원을 돌고 돌아 마지막
가상을 복구하지

늘어가는 코스들
닳은 발바닥
서식지를 잃어버리고

포란되는 접속사
조각 퍼즐이 흩날려
입술에 닿기를 원하지

배양된 기호들
언어의 주름 사이
깊은 눈-빛을 덧입는
코끼리가 돌아왔어
상징(象徵)의 자국들
코끝에 에피소드를 읽는
상아색 아침이야

비바람 계절 없이 기호들이 쏟아지지 가로수는 구름을 향한 붓,

                      - 「[브로카]실어증」 전문

그렇다. 「[브로카]실어증」은 내숭을 들킨 여인처럼 비분

절적 언어를 보여준다. 의미를 잃은 문장은 바람처럼 날린다. 원인을 알 수 없는 "펄럭이는 이명을 걸고" 어딘지 알 수 없는 "초원을 돌고 돌아" 시작도 끝도 없는 "가상을 복구"한다. "늘어가는 코스들"이 "닳은 발바닥"을 하고 "서식지를 잃어버린다" 기괴하다. 해체된 형상들이 우수수 열거되면서 의미의 착란이라고 부를 만한 기괴한 세계가 구축된다. 말 그대로 비바람 부는 계절도 아닌데 "기호들이 쏟아지"는 하늘(구름)을 향해 '붓을 든' 가로수 같은 풍경이다.

어쩌면 극단적인 이미지즘의 기율이라고 부를 법한 「[브로카]실어증」은 그러나 세계를 인식하는 예각적 언어의 지평을 확대하면서 '운동하는' 세계와 '갱신되는' 자아의 다양체가 불협화음의 협화음을 이루는 양상을 매우 적실하게 보여주고 있다. 살다 보면 우리가 살아가는 세속은 그다지 논리적이지도 않고 윤리적이지도 않다. 섬세한 연속성의 미학이 보편적인 듯하지만, 언제나 뒤틀리고 휘어지고 꺾어진 기묘한 형상들이 인간의 미의식을 개척해 왔다.

「[브로카]실어증」은 같음이 아니라 다름이, 다름만이 아니라 같음을 포함한 다름(새로운 다름)이 겹주름 운동을 하는 것이 일의적 세계의 본질이라는 사유의 지평에 서 있다.

그리고 우리는 이번 시집의 가장 빛나는 국면 가운데 하나인 '권태'와 함께 권태를 희롱하고 즐기는 작품을 만난다.

단팥빵에 팥소 대신 프렌치 로스트 유기농 콜롬비아 타타마수프리모 커피가 출렁였으면, 스펀지케이크처럼 부드

럽고 순한 빵, 밋밋한 생이 심심해 이빨 자국 하나 콱 박아 넣고 싶을 때,

    무심코 베어 먹는 살, 내숭을 들킨 연인의 표정처럼
    사치스럽고 데카당트하고 달콤쌉싸래한 맛이 흘러들었으면
    크림빵에 하얀 크림 대신 까만 에스프레소의 동굴이 흘렀으면

    적정량의 설탕과 크림을 탄 커피의 첫 모금이 짠맛을 낼 때,

    겉 다르고 속 다른 맛,
    예견을 빗나가는 맛은 언제나 상큼했으니까
    커피빵에는 커피빵이란 이름을 붙이지 말았으면

    달콤함을 덧바른 더께, 투실투실 부풀은 살을 비집어 보고 싶을 때 검고 씁쓸한 속내, 한 길 안 되는 껍질의 질박함 속에서 폭발하듯 터져 입안을 가득 메우는 크림보다 짙은 바디\*의 향기는 시간이 지날수록 진하게 떠오를 테니,

    \* 바디 : 커피의 농도

-「권태야 놀자」 전문

백선은 권태의 입체화에 성공했다. 보이지 않는 것을 보여주는 '권태'의 진면목을 실감나게 그려내고 있다. 움직이지 않는 것 혹은 변하지 않는 것을 권태라고 할 수 있다면, 아니 보다 정확히 말해 아주 느리게 움직이는 것 혹은 매우 천천히 변하는 것을 권태라고 할 수 있다면, 「권태야 놀자」는 그러한 물상들을 호명하고 비틀어서 자신의 내면과 조우하게 만드는 데 도달하였다.

  그리고 이는 세계의 운동성을 확장하는 일이기도 하다. 인간은 자신의 인식 능력을 넘어서는 속도를 감각할 수 없다. 너무 빠른 것도 너무 느린 것도 인식되지 않는다. 그런 임계 구간 안에서 "권태"는 "밋밋한 생"의 표면에 "이빨 자국 하나 꽉" 박아 넣어주듯 "스펀지케이크처럼 부드럽고 순한 빵"을 먹고 싶게 하고, 커피가 출렁이게 한다. 느리게, 느리게.

  이어지는 권태의 양상들, "내숭을 들킨 여인의 표정처럼/ 사치스럽고 데카당스하고 달콤쌉싸름한 맛"을 무심코 베어 먹고 싶은 순간들이다. 그것은 "겉 다르고 속 다른 맛"이겠지만, "크림보다 짙은 바디의 향기는 시간이 지날수록 진하게 떠오를 테니" 무슨 상관인가. 권태야 놀자, 권태야 놀자.

  '권태'와 함께 웃고 떠들고 즐기고 날다가 소리치다가 문득 고요한 순간을 맞이하는 시적 화자의 내면의 흐름이 시종일관 번뜩이는 이미지들로 표현되고 있다. 남해 바다의 아침 햇살 아래 수만 마리 멸치 떼가 물결을 짓쳐들어오는

'번뜩이는' 수면이 보인다. 권태는 물론 '느린 속도'를 표상하지만, 보다시피 「권태야 놀자」의 시간은 초고속으로 흐른다. 권태의 느린 운동이 시인의 내면을 만나 넘실넘실 물결치는 수작(秀作)이다. 그리고,

> 눈이 많은 곳에서 태어나고 눈이 많은 곳에서 사라지는 건
> 이유 없는 이동의 끝
>
> 유리창은 한때 검은 밖을 향하다
> 환한 네모를 대변하다
>
> 하고 싶은 얘기 듣고 싶은 얘기가 있다는 게 다행이야
> 좁은 밤을 통과하여 아침이 온다는 게
>
> 지워지지 않은 기억이 맴돌다 흘러내리다
> 무화과 불룩한 뱃속에서 꽃의 기억을 삭히는 중
>
> 점점 작아지다 점점 번져가다 점점 흐려지는
> 겨울 소묘 몇 점, 벽의 호흡 같아
>
> 적막은 남쪽으로 행간을 넓히고
> 회귀하는 주름이 둥글게 스며든다

세상에 없는 친구가 찾아왔다 돌아가고
거미가 줄을 타고 내려오다 멈춰 서다

하고 싶은 얘기, 듣고 싶은 얘기가 남아있으니
기적이야 아침이 온다는 게

반환점이 되어 두근거리는 길을 남기고
오늘 당신 입김에 거미줄이 흔들리다
　　　　　　　 - 「거미가 줄을 타고」 전문

  거미가 있고, 거미줄이 있다. 그것은 거미가 "내려오다 멈춰서다" 하는 줄이다. 거미는 "점점 작아지다 점점 번져가다 점점 흐려지는" 눈처럼 혹은 "내숭을 들킨 여인의 표정처럼" 눈 내리는 겨울 소묘의 끊어질 듯 끊어지지 않는 운동성을 보여준다. 왜 그럴까. '적막'이 행간을 넓히고, '주름'이 둥글게 스며들기 때문이다. "시름은 바람도 일지 않는 고요에 심히 흔들리우노니 오오 견디랸다 차고 올연(兀然)히 슬픔도 꿈도 없이 장수산 속 겨울 한밤내-"(정지용,「장수산1」)에 보이는 도저한 내면적 성찰이 들어 있다.

### 여기가 중독 지점이다

  그렇다면 이제 우리는 백선의 운동성과 자기 갱신에 중독

되기만 하면 된다. 시에 대한 이해가 세계에 대한 인식이 되고, 무의미가 오히려 무한한 의미가 되는 시간을 즐기면 된다. 연속과 불연속이 교차하고(단속성), 형상과 양태가 구별되지 않는(일의성) 참다운 다양체의 세계를 마주하면 된다.

    잠 속에 묻힌 가느다란 꿈처럼
    침대 모서리에 내려앉았다 돌아가는 그대는
    꿈에 닿기 전에 웅얼거려보는 멜로디

    베어 물었던 고추의 남은 반쪽에서 벌레의 흔적을 발견하는 날
    입안의 고추는 얼른 삼켜야지, 차라리
    무지막지하게 매운 고추였기를 바라지

    화끈하고 얼얼한 입김으로
    생각의 틈을 메워주지
    나는 가끔 그런 꿈을 꿔

    장미와 가시오이 넝쿨 사이로 비가 내렸지
    땀을 훔치고 코가 간지러워지는 이유
    그건 필연과 우연의 시소라 하면 될까

    흰 종이와 볼펜 대신 더듬거리는 굴레를 보장하는 당신

봉에 달린 말을 타는 기분 같을까
달리지 못해도 반드시 돌아오고야 마는
말에서 뛰어내리다 깨는 꿈
내 꿈은 꿈이라 다행인지 불행인지

어제는 그늘의 양심과 오늘의 문장을 배웠어
여기 없는 나무에게 구름이 드리우길 바라는 날
내 꿈은 가끔 까맣게

그런 꿈을 꾸기도 해
장미는 가시를 잃어버리고 비를 맞는 날
모르는 일과 침묵하는 일 사이로 고개 숙인
오류의 뒷면이 유리창처럼 환한 날

그대를 모셔야 할 오늘, 빈 의자가 없는 날
   ─「무제─특별한 노래」전문

 무제란 제목이 없다는 뜻이다. 그것은 주어와 술어를 특정할 수 없는 어떤 심상을 지시한다. 행위의 주체와 행위 내용을 특정할 수 없다는 것은 무의미한 것이 아니라 무한한 의미를 갖는 것이다. 그것이 '무제'라고 이름한 백선의 진정한 뜻이리라. 그렇기에 특별한(special) 노래는 구별되는, 돋보이는, 뛰어난 모든 노래의 우두머리로 올라선다.
 그러나 백선은 여기서 우두머리는 하나가 아니라고 말한

다. "베어 물었던 고추의 남은 반쪽"도 우두머리이고, "장미와 가시오이 넝쿨 사이"로 내리는 비도 우두머리이고, "필연과 우연의 시소"도 우두머리이고, "모르는 일과 침묵하는 일"도 우두머리이다. 우두머리들의 운동이 "꿈에 닿기 전에 웅얼거려보는 멜로디"가 되어 서로 내가 우듬지라고 리듬을 타는 이미지가 화려하기까지 하다. 이만하면 중독될 만하지 않은가.

그리하여 "그대를 모셔야 할 오늘, 빈 의자가 없는 날"임에도 '무제'를 제목으로 삼아 한판 신명나는 이미지의 향연(饗宴)을 베푸는 세계가 우리 시단의 가장 예민한 자리를 차지하게 되었다. 꿈이란 언제나 그런 것이다. 꿈을 필요로 하는 사람은 언제나 꿈을 꿀 수밖에 없는 법이다.

> 나는 가끔 '지는 자가 이기는 자'가 되는 놀이를
> 하는 것이 아닐까, 그리고 모든 것이 백 갑절로
> 불어서 되돌아오기를 기대하면서 예전의 희망들을
> 짓밟는 데 열중하는 것이 아닐까…
> — 장 폴 사르트르, 〈말〉 중에서


여기가 중독 지점이다, 점프
줄이 물에 닿을 듯 말 듯한 지점에서 오래 흔들린다.

점프대의 높이가 줄의 길이를 정한다

굴절이 시작되는 빛의 연회장으로
목을 매고 비행한다 (요 행의
목은 몸의 고의적 오타다.)

해도, 진폭이 줄어드는 즈음에서
새로운 숨결로 열리는 천상의 빛이 감싸줄 것이다

라는, 예측은 단단하다 수 가닥 엮인 줄 꼬이고
꼬일수록 불안의 틈새가 좁아진다

까마귀 울음 사이로 어디선가 불쑥 끼어드는 행진곡

뛰어야 한다 눈을 감고, 다시 적멸 같은 적요
부릅뜨면 좋겠다

남은 삶이 있어 떨리는 것이다 실전 같은 연습 앞에서
신발이 치명적으로 미끄러지고 (이 행의 신은
시의 오타라 억지한다.)

5. 4. 3. 2. 1, 고요한 수면

그러니까 상류를 거쳐 온 침묵
누구도 물에 아무런 영향을 끼치지 않았[는]다. 결정적

으로
　　진부한 수심과 시드는 진폭 사이로 유행가 가락이
　　느닷없이 빠르게 밀려갔을 뿐이다

　　이 시의 제목은 오타다.

-「상류」전문

　이처럼 중독성 높은 '무제'의 다음 "제목은 오타다". 이미지들의 향연에 이어 「상류」에 이르면 시행(詩行) 경영과 언어 구사가 완연한 자유를 구가하고 있다. 가령 3연에 보이는 "(요 행의 목은 몸의 고의적 오타다)"와 8연의 "(이 행의 신은 시의 오타라 억지한다)"라는 지시적 언술이 해당 시행의 의미를 이중화시키거나 분열시키면서 작품 자체의 의미 공간을 한껏 확장하고 있다.

　그것은 또한 '점프'(번지점프)의 역동적인 운동체를 시각화하는 효과를 주고 있기도 하다. "물이 줄에 닿을 듯 말 듯한 지점"에서 "새로운 숨결로 열리는 천상의 빛"이 육안에 들어오는 듯하다. 나아가 대상화된 시각적 이미지를 넘어 점프를 하는 운동체의 내면을 파고드는 "뛰어야 한다 눈을 감고, 다시 적멸 같은 적요"와 같은 표현은 주체와 대상의 경계를 가볍게 뛰어넘어 물아일체의 차원에 도달한다. 이만하면 중독될 만하지 않은가.

　백선은 이번 시집 서두에 네 행으로 된 「시인의 말」을 썼다. (1)지금이 아닌 것들로 지금을 살아가는/ (2)추상의 초상화들, 둥글게 뭉쳐 기분 좋게 굴려 보자는/ ⑶우리가 지금을 가질 수 있기 위해// ⑷선을 긋는 일은 추가되는 작업일 뿐. 그렇다. 우리는 모두 지금이 아닌 것들로 지금을 살아간다. 선택하지 않은 탄생의 순간을 만나, 곧 죽음을 향해 나아가는 삶을 사는 우리는 "미래를 품고 있는 현재 안에 과거를 놓는"(들뢰즈) 사람들일 수밖에 없다. 그것이 꿈을 필요로 하는 우리 모두의 운명이다.

그러므로 추상의 초상화들, 혹은 구상(具象)의 인물화들을 둥글둥글 굴려보는 일이란 비록 그것이 우리의 운명을 대면하는 처연한 심사일지언정 그리 서글픈 일만은 아닐 터이다. 우리가 우리를 똑똑히 바라볼 수 있을 때 운동하는 세계는 우리를 품어줄 수 있을 것이며, 그 세계 안에서 실로 다양한 운명체로서 '지금-우리' 스스로를 긍정할 수 있을 것이기 때문이다.

이처럼 백선이 보여주는 운동하는 세계와 갱신되는 자아의 다양체가 불협화음의 협화음을 이루는 시편들은 이밖에도 「구근이 타는 겨울」, 「스파이더맨, 다시 겨울을 준비해요」, 「무제-특별한 오후」, 「엽서」, 「무도회의 초대」, 「지팡이」, 「녹색순환선」 등 실로 많다. 이를 두루 언급하지 못하는 점을 아쉽게 생각하며, 『사막과 찬가의 변증』이 도달한 미적 현대성에 많은 독자들이 주목해 주기를 기대해 본다.